JN098536

会社の
商標実務入門 第3版

正林真之［監修］
Shōbayashi Masaynki

中央経済社

モノづくりから，ブランドづくりの時代へ

　今の日本は，モノづくりの国からブランドづくりの国へと変わろうとしている。すなわち，良いモノをより安く早く作る国から，良いモノをより良く，より良いサービスで提供し，より高く売る国へと変貌を遂げようとしているのである。近い将来，良いモノだけを高く売り，それによる高収益と，質も値段も高いアフターサービスによる収益で食べていくような国になるかもしれない。

　このような段階で重要なのは，ブランドの根幹となる商標権を的確かつ確実に取得していくことである。ブランドづくりも，ブランド戦略も，良い品質のモノやサービスがその中核をなすのは言うまでもないが，そもそも権利がなくては何も始まらない。適切な商標権の取得というのは，ブランドづくりやブランド戦略のスタートラインなのである。

　商標権を取得する際には，自分が使用している商標（使用商標）をそのまま取得するのが原則であるが，それに加えて，将来使用するであろう対抗措置としての"戦略的商標"も取得していく必要がある。

　現在の事業会社では，商標の出願権利化という手続業務よりはむしろ，「使用商標に加えてどのような戦略的商標をどうやって取得していくか」という出願戦略と，「ブランドにフリーライドしようとする不正な輩を的確かつ確実に排除していく」という権利行使業務に重きが置かれるようになってきている。

　だが，その前提として，しっかりとした使用商標と戦略的商標の権利化を，的確かつ確実に行うようにしなければならない。

　加えて，近年における商標ブローカーや商標トロールの不気味な動きがある。これは，商標権というものが，商標の使用者や所有者でなくても誰でも取れるという法律の内容を悪用したものであり，商標の使用者や所有者が商標権を取得していないのを発見してはその商標の商標権を先取りし，当該商標権による権利行使を通じて利益を得る商売である。従って，自己の商標について商標権を取得していないと，常にこれらの商標ブローカーや商標トロールの餌食になってしまう可能性が付きまとうことになる。

　知財権というものを自ら取得しない最大のデメリットは，その知財権を他人に先に取られてしまうことであり，そうなると，自身に対して権利行使がなされる等のトラブルを発生させることになる。特に商標権ではその傾向が強く，うかうかしていると，自分の社名や商品名などが，いつの間にか他人に取られていたりするのである。

　しかも商標権の場合，他人による不当な商標権の取得を阻止する方法は，基本的には自ら商標権を取得するしかない。その意味では，商標の世界というのは，まさに「早い者勝ち」，「攻撃は最大の防御」が最も生々しく表れる場所でもある。

　つまり，自己防衛のためにも商標権を取得する必要があるのだ。そのためには，防衛する範囲を見定め，その範囲を確定させた上で，確実に権利を取得する必要がある。

　その前提として，しっかりとした実使用商標と戦略的商標の権利化を，的確かつ確実に行うようにしなければならない。

　モノづくりの国からブランドづくりの国へと変わろうとしている今の我が国にとっては，商標の権利化は基礎的な知識ともいうべきものとなる。

　だとすれば，それについて簡易かつ確実に理解できるような手引書が必要であり，それが本書の大きな存在意義となっている。こうしたことに応え続け，第3版を刊行できることになった。本書が引き続き，我が国の発展の一助ともなるのであれば，これ以上の喜びはない。

　令和4年1月

　　　　　　　　　　　　　　　　　　　　　　　正林　真之

目　次

第 2 章　商標登録出願から登録までの手続

第4章　商標権のマネジメント

第5章　商標権侵害

第6章　外国出願

商標法について

I

本書の性質とその使い方

　本書は，「商標とは？」と疑問をもってから商標権取得に至るまでが，この本1冊を参照すればわかる内容となっています。また，今回本書を刊行するにあたり，前身である「会社の商標実務マニュアル」出版後に行われた法改正を加筆しています。従って，商標を担当する方が知っておくことが好ましい基礎的かつ最新のこともご理解頂けるようになっています。

　本書の具体的構成は目次のとおりですが，大きく分けると，序章において商標の特質や商標法の位置付け等を簡単に説明しており，本題となる第1章以降では実際の手続とそれにまつわる解説がなされています。

　具体的には，第1章において出願の前に行う手続，第2章において登録出願から登録までの手続，第3章，第4章，第5章において出願後の手続が記載されています。そして，外国出願関係が第6章に解説されています。

　このように権利取得に至るまでを時系列に沿ってまとめていますので，実際に手続を行われる際にはこの本の目次に沿ってその手続に該当する箇所を随時確認，参照して頂くことにより，手続の方法や流れがわかるようになっています。

II

商標とは

1 商標とは

　「商標」とは，商品やサービス（役務）の目印となるものです。具体的には，事業において自己の商品やサービスと他人の商品やサービスとを区別させるために，商品やサービスに用いるマークのことで，会社ロゴや商品名，サービスマークがこれにあたります。同じような商品やサービスであっても付いているマークが違うだけで価格が異なってくるということはよくみられることですが，これは事業を行う者が自分の商品やサービスにマークを付して継続して商品の販売やサービスの提供を行った結果，消費者がそのマークが付されている商品やサービスであれば一定の品質や質があることを認識し，そのマークを手がかりに高い価格であってもその商品の購入やサービスの提供を受けようとするからです。

　我が国においては，マークの使用により発生するこのような営業上の信用に経済的価値があることを認め，このマーク（商標）を商標法により保護することとしました。そして商標を保護することで一定の商標が付された商品やサービスは必ず一定の出所から提供されるものであることを確保し，これにより取引の秩序が維持され，販売者（商標の使用者）と消費者の利益が守られることで産業の発達が図られるようにしたのです。この商標の保護について具体的に定められた法律が「商標法」であり，この法律により商標は独占排他性を与えられて保護されることになっています。

　商標には，同じ商標を付した商品やサービスは同じ出所から提供されることを示す「出所表示機能」や一定の品質や質を備えていることを示す「品質保証

機能」，商標が商品や店舗の看板，宣伝等に使用されることで，その商品のイメージが消費者に商標として記憶される，商品・サービスの宣伝効果を高めることができる「宣伝広告機能」といった機能があります。このような機能は商標を使用すればするほど強化されるものであり，これに伴って商標の財産的な価値も増大することになります。以上のような機能を有する商標は，知的財産の1つとされています。

2 知的財産

(1) 知的財産の保護

　「知的財産」は財産的な価値のある情報であり，土地や設備といった有体財産とは異なり一定の形を有さない無体財産です。このため，占有が不可能で物理的な排他性がなく，事実上誰でも自由に利用や模倣ができることになります。また，利用して消費することがないため複数での同時利用も可能です。

　この「知的財産」は，技術的なアイデアである「知的創作物」と，事業活動で用いられる「営業上の標識」とに分けられ，その対象に応じた知的財産法により保護されます。知的財産法は，独占排他的な権利である物権的権利を付与し，あるいは，特定の不公正な行為を規制することにより知的財産を権利として保護します（図序-1の法体系）。

　なお，知的財産は無体財産であるため，ある対象について保護される権利が1つではなく，複数の権利により保護されるという特色があります。従って，1つの商品やサービスに対して特許権や意匠権，商標権などが同時に成立することもあります。このため，企業の知財を担当される方は，このような多重構造的な知的財産の法制度を念頭に，どのように知的財産を保護すればよいのか，多角的な視点から適切な保護方法を選別し，決定していく必要があります。

　また，前述のとおり知的財産として保護される対象は無体物で事実上の占有が不可能であるため，他人（他社）に権利が侵害されていてもその発見が困難です。従って，他人が自社の権利を侵害していないか，常に注意する必要があります。

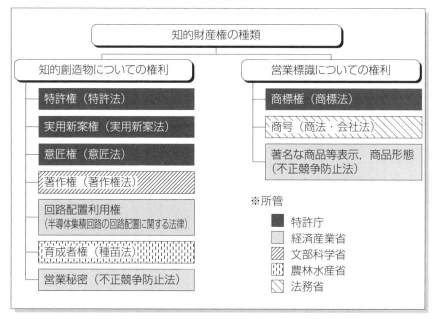

■図序-1■知的財産権の種類

知的財産権の種類

知的創造物についての権利

特許権（特許法）
実用新案権（実用新案法）
意匠権（意匠法）
著作権（著作権法）
回路配置利用権
（半導体集積回路の回路配置に関する法律）
育成者権（種苗法）
営業秘密（不正競争防止法）

営業標識についての権利

商標権（商標法）
商号（商法・会社法）
著名な商品等表示，商品形態
（不正競争防止法）

※所管
特許庁
経済産業省
文部科学省
農林水産省
法務省

　一方，このように権利が侵害されやすいということは，逆に自社が他人の権利を侵害していないか，ということにも気を配る必要があるということになります。特に特許発明や実用新案，登録意匠，登録商標は公報において公示されており，特許等の権利があったことを知らなくとも権利侵害が成立する法律構成となっております（過失の推定（特許法103条等））。従って，特許調査や商標調査により他人の権利の存在を知っておくことがこのような事態を回避するために重要となってきます。

(2)　有体物に対する所有権との相違

　知的財産権は無体物に対してこれを財産として権利が認められるものであるため，発明品や商標が付される商品等といった有体物に対して認められる権利は，知的財産権とは別に存在することになります。従って，両者を交錯しないように留意する必要があります。この点，著作権が消滅した唐時代の書家の作品につき，その作品の所有者が所有権の侵害を理由として掲載出版物の販売中

止と廃棄とを求めた事件では，所有権の一内容として著作権と同様の保護を与えられることは認められませんでした（顔真卿自書建中告身帖事件，最判昭和59年1月20日，昭和58（オ）171号）。

(3)　産業財産権

　知的財産権のうち，特許権・実用新案権・意匠権・商標権を「産業財産権」といいます。これらは全て産業の発達を図るために付与される独占的かつ排他的な権利であり，管轄官庁である特許庁に出願し，審査を経て登録されることにより権利が付与されます。

　「産業財産権」は法律により付与される創設的権利であるため，設定登録という行政処分を経なければ権利が発生しません。そして，発生した権利は独占排他権であるため，1人（法人も含みます）にしか付与されないのが原則です（ただし，共同出願等，所定の要件を満たせば権利を複数人でシェアすることは可能。また，他人の知的財産権の侵害に対しては司法手続による救済手段が認められています）

III

商標権と他の知的財産権との違い

1 特許権・実用新案権との違い

　特許権や実用新案権は，電話の技術的な構造や仕組み，通信方法等の製品等の「技術的なアイデア」が保護対象となります。これに対し，商標権は，商品・サービスに目印として付された「営業上の標識」に生じた「業務上の信用」が保護対象となります。

　すなわち，特許権や実用新案権では，新規に創作された技術的なアイデアが保護対象となっており，一度公知になったアイデアや容易に創作できるようなアイデアは権利としては成立できないようになっています。これに対して，商標は「営業上の標識」が保護する権利であることから，その標識が新規である点や創作的であることは問わないとされています。そのため，長年使用を行っていた商標を権利化することも可能であり，また，先に登録されている商標が消滅した後に，別の者がその商標の権利を取得することも可能となっています。また，新規に創作されたものである必要はないため，簡単に思いつくような名称であっても他の要件を満たせば登録を受けることもできます。

　また，商標権は，使用されることが求められ，使用を行っていない商標については，第三者の請求により登録を取り消すことができます。これに対し，特許法等では無効にならない限り，発明を実施していないことにより権利がなくなることはありません。

　更に，特許権や実用新案権は，技術の進歩を促すことで産業の発達に寄与するための権利でもあることから，一定の期間経過後，権利は全て消滅します。これに対し，商標権は，使用を行うことで「業務上の信用」が高まるものであ

ることから，その権利は更新手続を行うことで半永久的に維持することができます。

2 　意匠権との違い

　意匠権は，製品（物品）の外形的デザインが保護対象となります。すなわち，意匠権は，創作された工業製品のデザインを保護する権利となっており，特許権等と同様に，新規に創作された製品のデザインが保護対象となっており，一度公知になった製品デザインや容易に創作できるようなデザインは権利として成立できないようになっています。また，意匠権は，登録後20年以上権利を維持することができない点において，半永久的に権利を維持することができる商標権とは異なります。

　また，意匠権は，物品のデザインとして保護されるため，単なるデザインのみを登録することはできず，常に物品と一体として発生する権利となっています。これに対し，商標権は，文字や図形，立体的形状等のデザインのみを登録するのではなく，そのデザインを使用する商品や役務の分野を指定してその商品や役務の範囲で権利が発生することとなります。

　そのため，例えば犬の形状を有する人形を意匠権及び商標権で登録した場合，商標権の場合は，指定している商品等とは異なる分野の商品等の宣伝のために製造・使用されたとしても権利侵害とはなりませんが，意匠権の場合は，その人形を製造した時点で権利侵害が成立することとなります。また，例えばTシャツのワンポイントデザインを意匠権及び商標権で登録した場合，その模様を靴に使用した場合は，意匠権の場合は物品が異なるため権利侵害にはなりませんが，商標権の場合は，Tシャツの他に靴を商品として指定していれば，権利侵害が成立することとなります。

　このように意匠権と商標権は，外形的デザインを登録する点において，共通する部分もあるため，公開の有無や権利の性質，権利期間，権利範囲等を考慮し，いずれか又は双方の権利を取得することも含めて検討するのが有効といえます。

3　著作権との違い

　著作権は思想・感情の「創作的な表現」を保護するものです。そして，著作物等の利用の独占と文化的所産の公正な利用とのバランスをとりながら，「文化の発展」に寄与することを目的としています。この点，営業標識となるマークを保護することにより競業秩序を維持し「産業の発達」に寄与することを目的とする商標法と異なります。そのため，自己の商品等と他人の商品等を識別することができる文字や図形等であれば，創作的ではなくとも登録が認められるのに対し，著作権では高度に創作されたものでなければ，「著作物」ではないとして権利が認められません。

　また，著作権は著作物の完成と同時に権利が発生するもので，権利の発生のために管轄官庁である文化庁の登録などは不要です（登録はあくまでも第三者対抗要件にしかすぎません）。権利の独占排他性は相対的なものなので，複数の人が創作した著作物が同内容であっても，これらが模倣したものでなく独自に創作されたものであれば，創作者全員がそれぞれ著作権者になることができます。これに対し商標権は管轄官庁である特許庁の設定登録という行政処分により権利が発生し，その権利は絶対的な独占排他権であるため，権利を取得した者にしか権利は発生しません。

　また，存続期間は著作権者の生存中及び死後70年で完全に満了するのに対し，商標権は前述のとおり更新をすることで半永久的に権利を維持させることができる権利となっています。

4　商法・会社法（商号）との違い

　商号は商人が営業上自己を表示するための名称であり，会社設立の際に必須となるものです。このような商号は，商標と名前が似ていることもあり混乱して理解されていることもありますが，具体的には，図序-2に示す点において異なります。

　この点，会社設立により，商号を登記することで，その商号は保護されます。

しかしながら，これはあくまでも商法や会社法による保護の話です。（この商号を登記しても）別法域である商標法に定める要件を満たせば，その会社名と同一の名称について他人が別途商標権を取得することができます。すなわち，商号（権）と商標権とは並存することが可能です。例えば，商号を自社の商品（又はその包装）や広告に，それが自社の業務にかかる商品やサービスであることを表示するために使用すると，その商号は商標として使用されたことになります。このような場合に他人の商標権を侵害することになり，結果として社名変更を余儀なくされる事態になることもあります。会社設立の際に登記した商号については，独占的使用を日本全国において確保できるようにするため，商号の登記とは別に商標権を取得しておくことが有効といえます。

■図序-2 ■商標と商号との対比表

	商　　号	商品・役務（サービス）商標
適用法律	商法・会社法（管轄は「法務局」）	商標法（管轄は「特許庁」）
機　　能	商人の識別標識	商品・サービスの識別標識
構　　成	文字のみで構成	文字の他，図形，記号，付随的に色彩で構成
保護期間	無期限	設定登録から10年（更新可能）
保護範囲	①同一又は類似範囲に及ぶ ②営業の範囲	①同一又は類似範囲に及ぶ ②指定した商品・サービスと同一又は類似範囲
保護地域	営業の範囲	全国単一の権利
例	本田技研工業株式会社	ＨＯＮＤＡ

5　不正競争防止法との違い

　不正競争防止法は，事業者間の公正な競争維持とこれに関する国際的協調を目的として不正な競争行為を規制する法律です。規制法である不正競争防止法は一般条項を設けずに，取り締まるべき不正競争行為を類型化して列挙しています。これに対し，商標法における商標権は，特許庁の手続を経て登録される

独占排他的権利となりますので，不正競争防止法とは法体系が全く異なっています。

　また，不正競争防止法は司法手続により不正競争の防止の実現を図るものです。すなわち，商標法のように商標権という財産権を侵害することを理由として司法による救済を認めるというものではなく，行為自体の違法性に司法手続請求の根拠を求めます。このため，司法手続請求に先立って商標権のような権利を登録しておく必要はありません。従って，商標法では保護されにくい未登録の商標等が不正競争防止法によって保護されることになりますので，商標権の権利行使においては，常に不正競争行為がないかを確認し，不正競争行為に該当する状況であれば，商標権の主張とともに請求を行うことが有効な措置といえます。

6　知的財産の一覧

　以上述べてきたように知的財産やそれに関する法律は多種多様なものがあり，一覧にすると図序-3のようになっています。担当者としては，自社の業種や事業展開に鑑み，商標その他の知的財産権をどのように取得していくのが最適なのかを検討し，実行していくことが望まれることになります。

■図序-3■知的財産一覧表

保護態様	権利	保護対象		保護期間
独占排他権の付与	特許権（特許法）	発明	自然法則を利用した技術的思想のうち高度なもの	出願から20年
	実用新案権（実用新案法）	考案	自然法則を利用した技術的思想であって，物品の形状・構造・組み合わせ	出願から10年
	意匠権（意匠法）	意匠	美的外観を有する物品の形状・模様・色彩（物品のデザイン）	設定登録から20年
	著作権（著作権法）	著作物	思想・感情の創作的な表現（文芸・学術・美術・音楽・プログラム）	創作時から，死後70年（法人は公表後70年，映画は公表後70年）
	回路配置利用権（半導体重積回路の回路配置に関する法律）	半導体集積回路の回路素子や導線の配置パターン		登録から10年
	育成者権（種苗法）	植物の新品種	区画性，均一性，安定性を備える農林水産植物の品種	登録から25年（樹木30年）
	商標権（商標法）	商標	商品・役務に使用する識別標識	設定登録から10年（更新可能）
	商号（会社法・商法）	商号	他人が取引上自己を表示するために用いる名称	無期限
不正競争行為の取締りによる保護	営業秘密（不正競争防止法）	ノウハウ等顧客リスト	秘密管理性，有用性，非公知性を備えるもの	
	周知・著名表示等（不正競争防止法）	周知・著名表示，商品形態，ドメイン名，営業上の信用等		商品形態は発売から3年

■図序－4 ■出願～登録までの手続の流れ

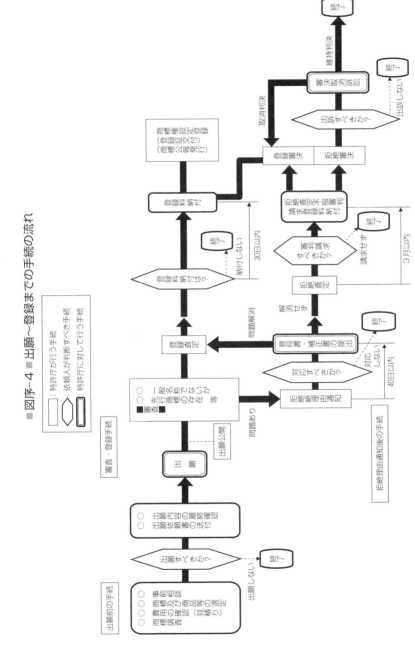

第1章

出願の前に

I

商標を検討する

⬜1 出願に際して，何を検討すべきか

(1) 商標と標章

「商標」とは，商品やサービスを示す目印となるマークであり，他社の同種の商品やサービスと自己の商品やサービスを識別するための目印（標識）としての機能を発揮することで取引の秩序維持を図ることができます。

我が国の現行の商標法では，登録できる商標は知覚によって認識される，文字・図形・記号・立体的形状・色彩から構成されるもの，これらの文字と図形・記号・立体的形状・色彩を組み合わせたもの，更には音及びこれらを組み合わせたものに限り，商標登録することができます。

なお，このような文字や図形，記号，立体的形状，色彩，音等は，商標法上「標章」とされ，この標章を自己の商品やサービスに付して使用したときに「商標」となります。

つまり，「標章」は自己の商品やサービスと他人の商品やサービスを識別する標識として，商品やサービスに使用されたときに初めて「商標」として成立します。そのため，標章が全く同じであっても，使用される商品やサービスが全く異なれば商標は異なり，図1-1に示すように同じ標章を併存して登録することもできます。

■図1-1■商標「ASAHI」の登録例

旭化成株式会社（登録第441510号）
第1類　化学肥料など

ASAHI

旭松食品会社（登録第653776号）
第29類　油揚げ，凍り豆腐など

ASAHI

株式会社朝日新聞社（登録第1620653号）
第16類　印刷物など

ASAHI

(2)　商標及び商品・役務の検討

　上述のとおり，「商標」は文字や図形，記号，立体的形状，色彩，音等からなる「標章」と事業において使用される「商品・サービス」との2つの関係によって定まります。商標を検討するに際しては，この「**標章**」と「**商品・サービス**」の関係を十分理解し，出願の範囲を検討する必要があります。

---

① 出願する「標章」を何にするか
② 使用する商品・サービスは何か

　この出願範囲の検討を誤ると，結果として権利取得した範囲が狭すぎたため，商標登録を受けたにもかかわらず，模倣品の使用に対し有効な権利行使を行うことができなかったり，第三者により思わぬ侵害警告を受け，事業の一部を停止せざるを得ないといったことが起こり得ます。

　また，登録商標と実際に使用している標章が異なったり，使用されている商品等が登録されている指定商品等と異なるとして，商標登録が取り消されてしまうという事態が生ずる場合もあり，せっかく時間と費用をかけて取得した権利が結果として無意味になってしまうことにもなりかねません。

　そのため，商標登録出願を行う際には，事業の状況等を考慮した上で標章の態様と商品・役務を指定する必要があります。

2　商標の検討

(1)　出願できる商標の種類

　旧来，登録できる商標は，文字，図形，記号，立体的形状の他，これらを組み合わせたマーク，更にはこれらと色彩を組み合わせたマークについて登録することができましたが，これらに該当しない「色彩のみ」の標章や「音」を含む商標等は登録することができませんでした。

　しかしながら色彩や音，更には諸外国で認められていた「新しい商標」についての保護ニーズの高まりを踏まえ，平成26年の法改正において，これまで日本では登録することができなかった，色彩のみの商標や音の商標等といった「新しいタイプの商標」を保護対象に追加することで，商品やサービスの目印となる多彩な表示が商標として保護の対象とすることができるようになりました。

■図1-2■商標の種類

文字商標	図形商標	記号商標	結合商標	立体商標
ヤクルト		△	NIKE	
（株）ヤクルト本社 （第1252231号）	ヤマトホールディングス株式会社 （第3085606号）	武田薬品工業株式会社 （第541111号）	ナイキインコーポレーテッド （第1517133号）	（株）不二家 （第4157614号）
音商標	色彩のみの商標	位置商標	ホログラムの商標	
カラリオ				
エプソン販売株式会社 （第5813496号）	株式会社トンボ鉛筆 （第5930334号）	株式会社エドウイン （第5807881号）	三井住友カード株式会社 （第5804315号）	
動きの商標				
エステー株式会社 （第5804313号）				

　また，実際に出願する場合には，商標見本による出願の他に，願書に直接文字商標を記載して出願する「**標準文字出願制度**」や立体的な形状を出願する「**立体商標出願制度**」により出願することもできます。また，前述した新しいタイプの商標による出願制度により，出願することもできます。

　そのため，出願可能な商標の態様やこれらの制度の特質を理解した上で，どの態様で出願するのか，1つの出願でいいのか，又は複数の出願が必要かといった検討も必要になってきます。

(2)　標準文字による出願

　標準文字とは，文字のみ（特許庁長官が指定する文字）の商標について，商標見本を作成することなく，願書に直接商標を記載して出願できる制度です（商標法5条3項）。ロゴタイプをわざわざ作る必要がなく，簡便に出願することができるため，例えば以下の場合等，ネーミングに特徴がある場合には標準

文字による出願は有効なものとなります。

---

① ネーミングのみが決まっており，使用するロゴにはいくつかのバリエーションがある場合
② ロゴの作成に時間がかかるため，なるべく早く出願を希望する場合
③ ネーミングのみで使用する予定であり，ロゴを作る予定がない場合

---

(3) 立体商標による出願

　立体商標とは，その名のとおり立体的形状をそのまま商標として登録する制度です（商標法5条2項）。店頭に広告用に設置される人形やキャラクター，会社のマスコットキャラクターなど立体的なシンボルとして使用される以下のような場合は，立体商標による出願は有効なものとなります。

---

① 特徴のある形状を有する包装容器を商標として使用するような場合
② 会社のマスコットキャラクター等，立体化した形状で使用する場合

---

(4) 動き商標による出願

　動き商標とは，文字や図形等が時間の経過に伴って変化する場合に，その商標の動きや変化を含めて登録する制度です。テレビやコンピュータの画面や映画のスクリーン等に広告用に投影される映像として使用される以下のような場合は，動き商標による出願は有効なものとなります。

---

① 文字や図形等の形状が広告宣伝時に変化する場合
② 文字や図形等が広告宣伝時に特徴的に動く場合

---

(5) ホログラム商標による出願

　ホログラム商標とは，文字や図形等がホログラフィー等の方法によって，見

る角度によって変化する場合に，その変化の態様を含めて登録する制度です。品質表示で使用されるホログラム表示や，見る角度で文字が変わったり図柄が変化する態様の表示の場合，ホログラム商標による出願は有効なものとなります。

⑹　色彩のみからなる商標による出願

　色彩のみからなる商標とは，単色又は複数の色彩の組み合わせのみからなる商標で図形と組み合わさっていない（輪郭がない）ものとなります。形状にとらわれずに色彩のみを登録することができるため，例えばコーポレートカラー等の企業イメージを象徴する色彩について使用する以下のような場合は，色彩のみからなる商標による出願は有効なものとなります。

> ①　商品の包装紙や広告用の看板等，形状や場面を問わず統一的に使用される色彩の場合
> ②　使用される色彩にバリエーションがなく特定されている場合

⑺　位置商標による出願

　位置商標とは，図形等を商品等に付す位置を特定して商標を登録する制度です。商品や包装容器などの特定の位置に共通的な目印としてのデザインとして使用される場合は，位置商標による出願は有効なものとなります。

> ①　商品等の共通の位置に使用される図形等（デザイン）である場合

⑻　音商標による出願

　音商標とは，視覚で認識されない聴覚で認識される音楽・音声・自然音等を商標として登録する制度です。視覚で認識されない音となりますので，ＣＭ等の広告で使用されるサウンドロゴやパソコンの起動音等，音のみで示される以下のような場合は，音商標による出願は有用なものとなります。

　なお，音商標は，文字や図形等と組み合わせた商標は，保護対象と認められておりませんので，留意が必要です。

---

① 音により広告宣伝する場合
② 映像（音と文字や図形等の組み合わせ）の商標の場合は，別々（動きの商標と音商標）に分けて権利化する必要がある

---

(9)　団体商標による出願

　団体商標とは，事業者を構成員とする団体が商標を登録することができる制度であり，団体自体が使用するのではなく，その団体を構成する事業者等の構成員に使用をさせるために団体が権利取得することができる制度による商標です（商標法7条）。

　通常の商標登録制度では，登録を受ける者がその商標を使用していることが必要となりますが，この団体商標では権利者である団体が使用する必要がない点に特徴があります。そのため，例えば以下のように独自ブランドによる地域おこし等を行うような場合には，団体商標による出願は有用なものとなります。

---

① 地域おこしを行うための独自ブランドの構築を行うような場合
② 業界団体がその構成員が使用するための統一ブランドをつくる場合

---

(10)　地域団体商標による出願

　地域団体商標とは，地域の名称と商品又はサービスの名称からなる商標について，一定の範囲で周知となった場合に団体による商標登録を認める制度であり，いわゆる「**地域ブランド**」について権利取得することができる制度による商標です（商標法7条の2）。

　この地域団体商標は，団体商標制度と同様に使用を行っていない団体に対しても登録を認める制度ですが，これまで権利化が困難であった「**地域名＋商品又はサービス名**」を一定の要件下で登録を認める制度である点に，団体商標制

度との差異があります。そのため，例えば次の①と②のような従来登録が困難な場合には，地域団体商標による出願は有用なものとなります。

> ①　地域ブランドの名称が，商品の産地名，役務の提供地名などを含む文字商標である場合
> ②　地域ブランドの名称がある程度知られているような場合

■図1-3■団体商標と地域団体商標との相違

	団体商標	地域団体商標
主　体	一般社団法人（法人格を有しないもの及び会社を除く），特別の法律により設立された組合	事業協同組合，特別の法律により設立された組合
商標の構成	文字，図形等及びこれら結合並びにこれらと色彩との結合	「地域名＋商品・役務名」等の文字のみ
指定商品・指定役務	原則として限定なし	商標中に含まれる商品・役務に限られる
周知性	不要	必要

⑾　防護標章による出願

　防護標章とは，使用により著名となった登録商標について，著名登録商標に係る商標権の禁止的範囲を個別的に非類似の範囲にまで拡大する制度です（商標法64条）。この制度により，著名登録商標は予め他人の商品・役務と出所の混同が生ずる範囲を明確にしておくことができるため，他人による商標権の取得を排除でき，また他人が使用を行った場合は商標権の侵害とみなして著名商標を保護することが可能となります（商標法4条1項12号，67条）。

■図1-4■防護標章登録により保護される範囲

		指定商品・指定役務		
		同一	類似	非類似
登録商標	同一	通常の商標登録により保護される範囲		防護標章登録により保護の対象となる範囲
	類似			
	非類似			

　なお，防護標章の登録を受けた商標は周知・著名商標として認定され，特許電子図書館の「日本国周知著名商標検索」にも掲載されます。それらの情報は，著名商標を証明するための証拠としても利用することができる点において有用といえます。

⑫　ドメインネームについて

　ドメインネームとは，インターネット上の住所を示すものであり，インターネットに接続するための識別番号（IPアドレス）を数字と英文字で表現したものです。

　このドメインネームの取得は早い者勝ちですが，あくまでも「**ネットワーク上の住所**」にすぎないので，そのままでは商品やサービスの識別標識である商標とはいえません。しかし，単なる住所（連絡先）としての範囲を超えて，例えば商品やサービスの目印となるような使用態様である場合は，「商標の使用」に該当する場合もあります。

　そのため，商品パッケージの表紙にドメインネームを掲載するような場合は，商標権のトラブルに巻き込まれる可能性も考えられますので，その際は商標の取得を検討する必要があります。

3　商品又は役務の検討

　例えば「ポテトチップス」や「自転車」といった特定の商品名や「飲食店の
店名」といった役務の名称について商標登録出願を検討しているのであれば，
商品・役務についての検討はさほど必要ありません。しかし，「電化製品全般」
といった，シリーズ商品（ファミリーマーク）や事業名称として商標登録出願
を検討しているのであれば，実際に使用される商品・役務を特定するための検
討が必要であり，また将来の事業展開を踏まえた検討も必要となります。

　このように出願を行う商品・役務を検討するためには，商標法上の商品・役
務にはどのようなものが該当するかをよく把握検討し，特定することが必要と
なります。ここで，商標法における「商品」又は「役務」は，その使用態様に
より該当する商品・役務が変化する場合もあり，次のような考え方により定め
られています。

⑴　商標法における商品とは

　商標法での「商品」について条文上の定義はありませんが，講学上，「独立
して取引の対象となる流通性・代替性のある有体動産」等と定義されています。
例えば，「菓子」や「自動車」，「風邪薬」，「パソコン」などのその辺りで普通
に売られている物から，「キリン」や「ライオン」などの動物や「ロケット」
や「飛行機」といった，その辺りでは売られていないような物の他，「麻薬」
や「拳銃」のような取引が制限されている物も法上の「商品」に該当するとさ
れています。

　一方，有体物でない「電気」や「熱」，「光」などのエネルギーや，動産とは
いえない「有価証券」や「株券」，「商品券」は，法上の「商品」に該当しませ
ん。また，「彫刻」や「骨董品」などのいわゆる一品制作物は，取引性はあり
ますが量産されるものではないため代替性がなく，「商品」には該当しないと
解されています。また人の支配が及ばない「太陽」や「月」は取引性がないた
め，やはり「商品」には該当しないと解されています。

(2)　商標法における役務とは

　商標法での「役務」も条文上の定義はありませんが，講学上，「他人のためにする労務又は便益のうち，独立して商取引の目的となるもの」と定義されています。例えば，「生命保険契約の締結の媒介」や「飲食物の提供」などのいわゆる保険業や飲食業といったサービス業において提供されるサービスが該当します。

　一方，独立して商取引の対象とならないもの，例えば，旅館などの「送迎サービス」は，旅館サービスやその商品に付随して提供されるサービスであり，独立して取引されていないため「役務」には該当しません。ここでは「送迎サービス」は「宿泊施設の提供サービス」に含まれることになります。このようにサービスに該当するか否かの判断は，画一的に判断される「商品」とは異なり，実際提供されるサービスの内容により個別的に判断されます。

(3)　状況に応じて変化する商品・役務

　商標法上の「商品」及び「役務」は，上述のとおりとなりますが，実際の取引は多種多様であり，同じものであっても，その取引態様によって「商品」にも「役務」にも該当する場合がありますので，個々の事例に応じて個別的に対応する必要があります。

　例えば，「ガス」や「水」の気体や液体などは，ガスボンベやペットボトル等の容器に封入した場合は「商品」ですが，各家庭にガス管や水道管を通じて供給するような場合は，流通性がないため「商品」ではなく「ガスの供給」「水の供給」といった「役務」となります。

　また，飲食店のサービスは「役務」（「飲食物の提供」）に該当するといえますが，店で作られた料理を店頭で持ち帰り用として販売している場合は，たとえその料理が同じ調理場で作られた料理であっても，その料理は「独立して取引の対象となる有体動産」といえるため，「商品」に該当するといえます。

　ここで，顧客からの注文に応じて，飲食後の残りの料理を持ち帰り用の「折り詰め」にして有償で販売した場合は「商品」「役務」のどちらに該当するのでしょうか。この場合，「折り詰め」により提供した料理は，その飲食店での

食事に際して提供した料理が前提となっており，飲食物を提供するサービスに付随して提供されたものといえることから，この場合の折り詰めは「商品」とはいえず，「役務」の一部であると解されています（天一事件，東京地判昭和62年4月27日，昭和59（ワ）6476号）。

(i)　コンピュータ関連業務

　民法上，ソフトウェア等のコンピュータプログラムは有体物ではないため，商品には該当しないとされています。しかし，例えば「着信メロディサービス」のように，あるサイトから音楽をダウンロードして，携帯に取り込んで使用する等，ソフトウェア自体がインターネットなどの通信ネットワークを介して流通し，取引されている実情があります。これらのソフトウェア等は流通性を有するとして，「商品」として取り扱っています。

　しかし，ソフトウェアの中には，あるサイトからダウンロードにより購入できる製品に限らず，例えば「オンラインゲーム」や「ASPサービス」などのサービスのようにインターネットが接続されている環境でなければ使用できないものは，「取引性」があっても「流通性」がないので「役務」に該当するものとして，取り扱われています。

　またWebショッピング等の，インターネット等の通信ネットワークを介したサービスは，通常の商店による取引とは異なる取引態様により行われています。しかし，そのようなサービスはインターネットを道具として使っているにすぎないとの考え方から，ネットワークを介さないサービスと同等に取り扱っています。

　つまり，Webショッピングで靴を販売するのと，街の靴屋さんで靴を販売することを同列に考えており，お互いに類似するサービスとしています。同様に「e-ラーニング」と予備校などに通って行う「教育サービス」も役務「知識の教授」として，同じ役務に属するとしています。

---

①　ダウンロードできるソフトウェアは「商品」
②　ダウンロードできないソフトウェアは「役務」
③　Webを使ったサービスは使っていないサービスと同じ

（ex. 靴のWebshopと靴屋さんは同じ範囲になる）

(ii) 小売業について

　かつて小売サービスについては「商品」に付随するとの理由により，商標登録することができず，小売サービスを保護するためには，その店で取り扱っている全ての商品を指定して出願する必要があり，出願人にとって手続や費用的な負担が極めて大きい状況にありました。

　しかし，国際的に「小売サービス」に対する保護の要請等の高まりを受けて，日本においても「小売サービス」を「役務」として保護することが可能となりました。

　小売サービスにおいて取扱商品に商標を付す行為は，これまでどおり「商品」に該当しますが，それ以外の品揃えなどのサービスが「役務」の使用として取り扱われることになります。例えば，役務「靴の小売サービス」と商品「靴」とは互いに類似すると解されているため，実際の出願においては，役務としての小売サービスの範囲を権利化することで実質的な保護を受けることができるようになります。

　なお，役務として保護される「小売サービス」は，実際の小売サービスの全てをカバーしているわけではないので，役務名も「○○の小売又は卸売の業務において行われる顧客に対する便益の提供」のように，小売サービスの一部であることが示されています。

① 　自社商品を取り扱って販売など行っている場合は「商品」
② 　他社商品等を取り扱って販売している場合は「小売等役務」

4　商標の使用

(1)　商標法2条3項に規定される商標の使用

　商品・役務にかかわらず，商標は何かしらの商品に貼り付けて使用するものですが，どの商品にどの場面でその商標を貼り付けて使用するか，この点についても検討する必要があります。また，音の商標については商品等には貼り付けることができないため，どの場面でその音を発するかについて検討する必要があります。この検討を行うことにより，無駄な出願を回避することができます。

　また，商標の使用に該当するかという問題は，商標権の侵害の場面で重要な争点となる部分であるといえますので，トラブル回避のためにも十分な検討を行った上で出願を行う必要があります。

　「商標の使用」については2条3項各号に規定されており，この規定に該当する態様での使用は，商標の使用であるといえます。また，実質的には，商標の機能を発揮させる態様で使用された場合に「商標の使用」であると解されています。ここで，2条3項に掲げる内容としては，例えば以下の行為が挙げられます。

---

①　商品に商標を付して使用する行為に該当する例
 (i)　時計の文字盤に商標を付す行為
 (ii)　チーズに商標の刻印を付す行為
 (iii)　商品のタグに商標を付す行為
 (iv)　ある製品に組み込まれている部品の商標をその製品に貼り付ける行為
 (v)　ソフトウェアのプログラム起動時に画面上に商標が表示されるようにプログラミングする行為
 (vi)　スーパーの買い物袋に商標を付す行為
 (vii)　商品を広告するために新聞や看板，パンフレット等に商標を付す行為
 (viii)　カタログ販売を行うために配られている本に商標を付す行為
 (ix)　その商品の注文書や納品書等の取引書類に商標を付す行為

　(x)　コンピュータに記録された音を起動時に再生する行為
②　役務に商標を付して使用する行為に該当する例
　(i)　タクシーによる輸送サービスでタクシーの屋根に商標を付す行為
　(ii)　レンタルサービスの自動車に商標を付す行為
　(iii)　喫茶サービスで標章を付したコップ等を使用又は展示する行為
　(iv)　オンラインゲームのスタート画面に商標を表示する行為
　(v)　Web画面上にバナー広告を表示する行為
　(vi)　サービス提供の受領書や契約書等の取引書類に商標を付す行為

(2)　機能を発揮しない使用について

　商標は，取引において標章を付した商品と他の商品等を識別するための標識であり，自己の商品と他の商品を識別する機能（自他商品等識別機能）が商標における本来的な機能といえます。

　また，前述しましたが，この機能は出所表示機能，品質保証機能，宣伝広告機能を有すると解されております。

① 商品又はサービスの出所を表示する機能（出所表示機能）
② 商品の品質又はサービスの質を保証する機能（品質保証機能）
③ 商品又は役務の広告・宣伝をする機能（宣伝広告機能）

　そのため，商品やサービスとして商標を付しているとしても，上記の自他商品等識別機能や出所表示機能を発揮しないような使用態様での商標の使用は，商標の使用にあたらないと解されています。

　例えば，以下のような商標の使用態様による場合は，商標の機能を発揮しない使用態様であると解されています。

〈商標の機能を発揮しない使用態様の例〉
① 書籍の題名として文字やロゴを付す行為
　（POS事件，東京地判昭和63年9月16日，昭和62（ワ）9572号）
② CDのタイトルとして文字やロゴを付す行為

（UNDER THE SUN事件，東京地判平成7年2月22日，平成6（ワ）6280
号）
③ 洋服のバックプリントなどの洋服のデザインとして使用される文字やロゴを
付す行為
（ポパイ事件，大阪地判昭和51年2月24日，昭和49（ワ）393号）
④ 商品の包装紙に装飾的に使用される文字や図形等を付す行為
（Happy Wedding事件，名古屋地判平成12年9月22日，平成11（ワ）2823
号）

(3)　異なる商品・役務の使用となる商品又は役務の使用

　商標が付されているものとして，例えば，街で配られている「ティッシュ」
や銀行等で契約時にもらう「貯金箱」や「タオル」等の粗品，販売促進のため
に飲料メーカーのキャンペーンとして行われている「Tシャツ」や「革ジャ
ン」などの懸賞によるプレゼント商品があります。これらは俗にノベルティ商
品と呼ばれている商品であり，このノベルティ商品に商標を付す行為は，どの
商品の使用にあたるのでしょうか。

　これらのノベルティ商品は，全て広告目的で行われるため，その販促の目的
である商品についての商標の使用となります。つまり，前述の街で配られてい
る「ティッシュ」に商標が付されていても，それは商品「ティッシュ」の使用
ではなく，その裏で紹介されている商品・役務についての使用となります。ま
た，銀行で配られる「貯金箱」や「タオル」も，それぞれ，「貯金箱」や「タ
オル」についての商標の使用ではなく，その「銀行サービス」についての商標
の使用に該当します。

　更に，飲料メーカーの懸賞でプレゼントされる「Tシャツ」や「革ジャン」
は，その販促の対象となる「飲料（例えば，コーヒー）」についての商標の使
用にあたります（BOSS事件，大阪地判昭和62年8月26日，昭和61（ワ）7518
号）。

　似たような事例として，段ボールに大きく印刷表示された商標は，包装箱と
しての商品「段ボール箱」についての商標の使用に該当するのか，その中身の
商品についての商標の使用に該当するのか問題となった事例があります（巨峰

事件，福岡地判昭和46年9月17日，昭和44（ヨ）41号）。前述のとおり，商標の使用には商標を商品に直接付す場合と商品の包装に商標を付す場合があるため，形式的にはどちらともいい得ないことから生じる問題といえます。このようなケースでは，商品「段ボール箱」が流通する場合に商標を付す箇所を検討し，その取引の実態を踏まえて商品「段ボール箱」についての商標の使用であるか，若しくは，その中身の商品についての商標の使用にあたるかを判断しています。なお，これらの事例では，商品「包装用容器」についての商標「巨峰」を所有していた権利者がぶどうの入った段ボール箱に「巨峰」の文字を表示して販売していた業者と争いになった事件ですが，結論として中身の「ぶどう」についての商標の使用であり，「包装用容器」の使用ではないとの判断が示されています。

(4)　トラブル回避のために

　このように商標の機能を発揮しないような態様で商標を付したとしても，侵害は成立しません。しかし，ここで考えて頂きたいのは，判例として判断が示されているということは，多額の費用をかけて訴訟となり，和解をすることなく最後まで争われたという事実です。つまり，トラブルが生じる可能性が十分考えられる範囲であるということです。実際，訴訟に至った場合は弁護士費用も含めて少なくとも数百万単位の費用が必要となります。

　また，訴訟となることで対象となった商品・役務は侵害の可能性があるものとの印象が広まり，単純に訴訟費用で終わらない損害が生じることになります。担当者は，単に法律上問題がない行為であっても，侵害警告を受けた場合に，多大な費用をかけて反論をしなければならないというリスクも十分に考慮しながら，トラブルを最小限に防ぐ対応を常に心がけていくことが大事なことでしょう。

5　商品又は役務の指定

(1)　指定商品又は指定役務

　商標登録出願は，商標の使用をする1又は2以上の商品又は役務を指定して，商標ごとにしなければならない旨が規定されています（商標法6条1項）。そのため，商標を2つ記載して出願した場合は，その2つの商標全体で1つの商標を構成することとなります。

　出願の戦略としてあえてそのようにする場合もありますが，権利化後の類否判断に影響を与えることにもなるため注意が必要です。また，商標登録出願に際しては，商品又は役務を指定し，区分に従って出願しなければならないとされています（商標法6条2項）。

> ①　商標→1つずつを願書に記載する
> ②　指定商品・指定役務→特許庁が示す区分に沿って商品・役務を指定する（複数指定することができる）

　また，「区分」とは商品又は役務を類別的に分けたもので，国際協定である「ニース協定」にならって分けられており，「第○類」との名称で呼ばれます。現行法では，商品区分が34，役務区分が11の合計45の区分に分けられています。

(2)　区分と権利範囲の関係

　このように出願書類に記載する商品は，これらの条件を満たした商品名又は役務名で指定しなければならず，その商品又は役務がどの区分に該当するかを検討する必要があります。

　なお，商標法上，商標権の効力は「商標権者は，指定商品又は指定役務について登録商標の使用をする権利を専有する」（商標法25条）と定められており，指定商品又は指定役務は**権利範囲を確定**するものとされています。これに対し商品又は役務の区分は商標権の権利範囲とは無関係ではあるものの，商標法上

の手続に関し，**費用を確定**するものとされています。つまり出願時・登録時の印紙代は区分を基準として算出され，また登録後の更新手続においても費用は区分ごとに算出され，区分数が増えるにつれ，手続に要する費用も増加します。つまり，一定の条件が課される場合があるものの区分内の商品であれば，いくつ商品又は役務を指定したとしても費用の変動はありません。

　このように，担当者としては，出願を要すべき商品又は役務の検討とともに，区分の数についても予算との兼ね合いを考慮して検討する必要があります。

⑶　どのような商品名又は役務名で指定するか

　出願する商品名又は役務名は，取引上使用されている商品・役務名でよいとは限らず，2以上の区分にまたがる商品名で登録を受けることができません。また不明確な記載となる商品名又は役務名についても登録が認められておりません（商標法6条1項及び2項）。

　なお，指定する商品名又は役務名は省令別表（商標法施行規則6条別表）に例示されており，これらの商品名又は役務名を該当する区分に沿って願書に記載するのであれば適切に登録を受けることができます。

　この省令別表に記載されている商品又は役務には，「被服」や「電気通信機械器具」といった包括的な商品名なども記載されている一方，単に「包装容器」では複数区分にまたがってしまうなど，商品・サービスによって大きく異なりますので注意が必要です。

⑷　出願すべき区分がわからない場合

　この省令別表は，類別された区分に該当する商品を例示列挙したものにすぎず，省令別表に記載されていない商品又は役務についても6条の規定を満たすものであれば，指定することができます。また，時代の進歩と共に，従来にない商品やサービスはしばしば登場しており，この省令別表では掲載されていない商品又は役務も多く存在します。

　このように省令別表に記載されていないような商品又は役務が不明確な商品ではないか，また区分に沿った商品名となっているかを検討するためのツールとしては，以下のツールがあります。

① 特許情報プラットフォームの「商品・役務名リスト」により検索を行う
② 特許庁に問い合わせる
③ 同種分野における登録商標の指定商品等及びその区分を確認する

(i) 特許情報プラットフォームの「商品・役務名リスト」による検索

　特許庁（運営は，「独立行政法人　工業所有権情報・研修館」が行っている）では，特許情報プラットフォーム（J-PlatPat：URL アドレス　https://www.j-platpat.inpit.go.jp/）で過去に審査で認められた商品名や役務名を「商品・役務名リスト」でデータベース化して公開しています。この「商品・役務名リスト」は，「特許情報プラットフォーム」→「商標検索」→「6. 商品・役務名リスト」の順にクリックするとアクセスすることができます。

　この「商品・役務名リスト」は，その名のとおり商品・役務名を検索することができ，英語の商品・役務名も検索できるため，外国出願を行う際にも有用なものといえます。

　なお，キーワードによる検索の場合は，完全一致（平仮名・カタカナも別物として検索される）による検索であるため，なるべく短いキーワードで検索を行い，件数が多い場合にはキーワードを追加して絞り込むのがよいでしょう。また，検索を行っても希望の商品・役務名が出てこないような場合は，カタカナ語や和名による検索を試してみてください。

(ii) 特許庁への問い合わせ

　特許庁では，指定商品・役務の区分に関することについての質問窓口を設けております。連絡先は次のとおりです。

特許庁商標課　商標国際分類室
住　所：〒100-8915　東京都千代田区霞が関三丁目4番3号
　　　　特許庁商標課　商標国際分類室　宛
電　話：03-3581-1101（内線2836番）
ＦＡＸ：03-3588-8503

　なお,「電話」により問い合わせを行う場合は,受付時間が月曜～金曜の9：00～17：30となっていますのでご注意ください。また,後述する「お問合せフォーム」から問い合わせを行うことも可能です。

ⅲ　既に登録されている商標の指定商品等及びその区分を参考にする

　既に登録された商標は,指定された商品・役務名に関する審査を経て登録となっており,登録商標に記載の指定商品又は指定役務については原則として適切な商品・役務名であるといえます。そのため,出願を行う商標の商品・役務名若しくは該当する区分が不明な場合において,同様の商品若しくはサービスを提供している同業他社があれば,その同業他社の登録商標を確認することで,検討中の商品・役務がどの区分に属するかを知ることができます。

　ただし,各区分に属する商品・役務については,不定期で変更されているため,過去に登録されている商標に指定している商品・役務に属する区分が現行法のものとは異なる場合がありますので,注意が必要です。

　また,商品・役務名が適切であるかを判断する審査官はそれぞれ独立した立場で審査を行うため,担当する審査官によっては,登録された指定商品又は指定役務名を適切なものと認めない場合があることに留意する必要があります。

〈包括表示が認められている商品・役務例〉
- 第9類「電気通信機械器具」
  　：携帯電話機,ファクシミリ,テレビジョン受信機,デジタルカメラなど
- 第16類「文房具類」
  　：アルバム,鉛筆,画板,印章など
- 第25類「被服」
  　：洋服,和服,靴下,帽子など
- 第37類「建設工事」
  　：建築一式工事,電気工事,塗装工事など

〈複数の区分にまたがる商品・役務例〉
- 「包装容器」
  　→「金属製包装容器」：第6類

　　　　「プラスチック製包装容器」：第20類
- 「ラベル」
  - → 「紙製ラベル」：第16類
  　　「布製ラベル」：第24類
- 「派遣サービス」
  - → 「派遣による一般事務の代行」：第35類
  　　「人材派遣による通訳」：第41類
  　　「派遣による老人の養護」：第44類

　このように，区分に沿った適切な商品名，役務名を指定して出願する必要があります。これらの適切な商品名又は役務名を検討するためのツールとしては，以下のツールがそろっていれば十分だと思います。

① 　特許庁商標課編「類似商品・役務審査基準」（発行：発明協会）
② 　特許庁商標課編「商品及び役務の区分解説」（発行：発明協会）

■図1-5■検索結果表示画面

項番	区分			商品・役務名（日本語）	商品・役務名（英語）	類似群コード
1	01		特 2007-110051	シリコーンを配合してなる木材用撥水剤		01A01
2	01		特 平11-101534	リサイクルした木材を国内の炭焼き釜で焼いて炭化した木炭よりなる住宅の調湿剤		01A01
3	01	T	M	製造業用の溶解木材パルプ	Dissolving wood pulp for manufacturing purposes	34D01
4	01		特 2007-087623	製造用の木材パルプ		34D01
5	01	T	M	製造用木材パルプ	Wood pulp for manufacturing purposes	34D01
6	01		特 2002-020160	塗料用・ラテックス用・木材用・接着剤用およびスラリー用の工業用抗菌剤並びに劣化防止剤（工業用のもの。）		01A01
7	01		特 2002-037526	非木材パルプ		34D01
8	01	N		木材より抽出したタンニンエキス	tan-wood	01A01
9	01	N		木材パルプ	wood pulp	34D01
10	01		特 2003-081463	木材系パネル・家具・構造物・化粧板・合板の製造用接着剤及び結合剤		01A01 01A02
11	01		特 2002-048985	木材処理用仕上げ剤（化学品に属するものに限る。）		01A01
12	01		特 2007-510026	木材の漂白剤		01A01
13	01		M	木材用コンタクトセメント（コンタクト接着剤）	contact cement for use with wood	01A02
14	01		M	木材用コンタクト接着剤	contact adhesives for use with wood	01A02
15	01		特 2009-500218	木材用漂白助剤		01A01

コラム

ネーミング

　マリエさんとキョウコさんが話をしている。甲高い声を出しているのは，どちらのほうか？　こう尋ねると，ほとんどの人が「キョウコさん」と答える。

　その理由は，「音」（オン）にある。マリエを構成するマ・リ・エのいずれの音も，まったりと緩やかで，強さがない。それに対して，キョウコのキとコには，明らかな強さがある。そうであるがゆえに，キョウコさんは，その名前を聞いただけで，強さや高さを感じてしまう。その結果，「甲高い声を…」と聞かれただけで，その人物を知らないのに，「キョウコさん」と答えるようになる。

　「キョウコ」を構成する「カ行」は強い音が多く，そうであるがゆえに，全くの造語の商標には，多用されることが多い。「コカ・コーラ」や「コダック」などは，その最たるものである。これらは，「キョウコ」同様，それが強い音であるがゆえに，印象が強く，記憶に残りやすいからである。

　ところで，トヨタ自動車の車は，なぜかＣで始まる名前のものが多い。これらより，必然的に，車の名前は，カ行かサ行で始まることになる。カ行は，「キョウコ」同様，印象が強く，記憶に残りやすいからである。サ行は，爽やかに疾走するイメージを与える音と言われている。現に，スピード，スーパー等，日本語でも，「爽やか」や「爽快」，「涼しい」など，クールなイメージの語は，サ行で始まるものが多い。

　怪獣やロボットの名前は，ゴジラ，キングギドラ，ガンダム……と，なぜか「ガギグゲゴ」「ザジズゼゾ」「ダヂヅデド」の濁音が多い。それは，なぜか男というものは，こういった音を好むからである。幾多の不況に遭っても「銀座」が確たる地位を保ち続けているのは，その音が男性を惹きつけるのも，１つの要因といわれている。「六本木よりも銀座」。「いつかは銀座」。これは何も，六本木が悪いわけではない。全て，音のなせる業である。

　だが，いくら男性を惹きつけるからといって，女の子の名前に濁点をつけるわけにはいかない。なので，キョウコ。ギョウゴはつけない。やはり，キョウコである。ちなみに，女性用の商品名には，「パピプペポ」「ラリルレロ」が受けるといわれている。

　かように，商標を考えるときに「音」というのは，重要なファクターである。なにも，自分若しくは自分に馴染みのある名前をつければそれでOKというものではない。例えば自分の名前がマリエであったなら，キョウコでなくてもキョウコをつけるほうが効果的である。

　さて，ここで，「誰でもいいから，女性の名前を３つ挙げてみてください」と今，急に言われたら，どんな名前を挙げるだろうか？　日本女性で最も多い名前は「和子」であるが，「キョウコ」という名を挙げたのでは

ないだろうか。

　その理由は，このコラム中で何回も「キョウコ」が連呼されているからである。しかも，よくみれば，意味が全くないと思われるような個所や，明らかに使いすぎで，前後の文のつながりが悪いところさえある。

　ただこれが，心理学で言うところの「サブリミナル効果」であり，商標法の教科書には書かれていない商標の最も大切な機能なのである。

II

商標調査

1　商標調査の必要性

(1)　商標調査とは

　商標登録出願は，「商標」及び「商品又は役務」が決定し，出願人を特定すればすぐにでも行うことができます。しかしながら，ある商標について先に他の企業が商標権を取得していれば，その商標権があることを理由に出願が拒絶されて権利は取得できません。

　日本の商標法では，先に登録を受けた者に権利を付与する「登録主義」を採用しているため，出願時や登録の時点で商標を使用していなくとも商標権を取得することができます。すなわち，登録のために商標を使用していなくてもよいので，ある程度資金に余裕のある会社などは，将来自社あるいは競合他社が使用しそうな商品名（ネーミング）についてとりあえず商標登録出願をしておき，権利化ができればそれをストック商標として保有している場合があります（もちろんずっと不使用の場合には後述する不使用取消審判の対象となります）。

　このため，担当者は出願の前に商標調査を行うことが好ましく，そのような商標があるかどうかを事前に調べ，出願にかける費用や労力が無駄にならないようにする必要があります。

　また，使用期間が短く出願しても権利取得前に販売が終了してしまうシーズン限定の商品等，権利化は望んでいないが使用を望む商標についても使用可能性を見極めるため，すなわちトラブルを未然に回避するための予防的観点から，商標調査が行われます。これは，使用を行っていた商標が他人の商標権を侵害

していたとして商標の変更を余儀なくされ，商品名を印刷したパッケージや宣伝広告費などの費用が無駄になるリスクや，その商標権者からの損害賠償を請求されるリスクを回避するため，商標の使用を始める前に他人の商標権の権利範囲に自分の商標を使用していないか調査することが有効といえます。

⑵　調査の使い分け

　登録可能性の調査では，出願を検討している商標が指定する商品等について実際に登録できるかどうかの可能性を調べます。具体的には，調査対象となる商標が登録要件を全て満たしているかについて，調査を行います。しかし，例えば「おもちゃ」や「菓子」の分野でよく見受けられる，いわゆるシーズン限定の商品などは使用期間が短く，出願しても権利取得前に販売が終了してしまうことがあります。

　この場合は，例えば，ポテトチップスに「しお」とネーミングして販売するなど，明らかに他のポテトチップスとの識別性がないようなネーミングをするような場合には，他人の商標の存在いかんにかかわらず登録を受けることが難しいケースになります。

　そのような事情を踏まえてあえて出願を行うという選択肢ももちろんありますが，トラブルを回避するために，念のため使用可能性の調査のみを行っておくという選択肢も考えられます。この場合の調査は，使用が可能であるかの調査となりますので，登録要件の全てを満たしているかの検討は不要であり，調査対象となる商標が先行する出願又は登録された商標との関係で権利侵害などの問題が生じないかについて，調査を行うことで足ります。このように，調査対象となる商標の目的を踏まえ，調査を行う範囲や程度を決める必要があります。

２　商標の類似

　商標法では，他人の商標と同一のもののみならず，その類似範囲に属するものについても登録はできません。そして，商標権者には自己の登録商標と類似する範囲についての使用を禁止する効力が認められている（禁止権といいま

す）ため，第三者の無断使用を排除することができます。

　従って，他人の商標と全く同一でなくても類似している商標は，権利化も使用もできないことになります。このため，出願前の登録可能性の調査，使用可能性を探る調査のいずれにおいても他人の商標と類似するかどうかの調査を行う必要があります。

　また，商標の出願は商品や役務を指定する必要がありますので，他人の商標と類似するかどうかについては商標同士のみならず，商品や役務との関係もセットで確認する必要があります。なお，商品・役務との関係で登録可能な範囲は以下の表に示すように，網掛けの部分ということになります。ただし，他人の商標が出所混同を生じるような周知著名商標である場合にはたとえ商品・役務が非類似であっても登録はできません（図1-6（※の場合）参照）。

■図1-6■商標が保護される範囲

	商標同一	商標類似	商標非類似
商品・役務が同一	登録不可	登録不可	登録可
商品・役務が類似	登録不可	登録不可	登録可
商品・役務が非類似	登録可※	登録可※	登録可

(1)　商標法上の商標の類似

　実務上「類似」という概念はとても重要なものですが，商標法では特に定義されておりません。なお，講学上は「2つの商標を同一又は類似の商品若しくは役務に使用した場合に，それを取引するものや一般の商標者がそれらの商品等の出所を混同する程度に互いに近似していることをいう」と解されています。

　ではなぜわざわざ「類似」という概念が用いられているのかというと，上述した「登録主義」や商標法の趣旨と関係があります。つまり，登録主義を採用しているということは，使用主義のように出願や登録の時点で実際にその商標を使用しているかを問わないということになります。

　一方で，実際に使用すると既に登録された商標と出所混同を生ずる可能性の高い商標に対し，別途登録して権利を与えてしまうのでは，出所混同防止をその目的とする商標法の趣旨に反してしまいます。しかしながら，商標を実際に

使用した場合にどの範囲において出所混同が生ずるかを予め知ることはとても困難です。

　このため，商標法では先願の商標と同一又は類似する範囲を出所混同が生ずる範囲であると画一的に取り扱い，その範囲においては登録を認めないこととしました（「登録主義の修正」といわれています）。

(2)　商標の類似判断の基準

　商標の類似判断について，特許庁は商標審査基準（以下，審査基準といいます）を公表しています。この審査基準は，審査における審査官の判断を統一的なものにするための判断基準です。ただし，この審査基準は特許庁内部の取り決めにすぎないので法的拘束力はありませんが，審査官がこの基準に基づいて審査を行っている以上，商標実務の担当者にとっては商標の登録可能性を判断する上では欠かせないものになります。

　それでは，この審査基準に基づき，比較する商標が類似するかどうかという判断がどのようになされるのか説明していきます。

(3)　商標の類否判断の基準

(i)　比較する商標の観察方法

　商標の類否判断には，比較する2つの商標を時と場所とを異にして観察する「離隔的観察」と，時と場所とを同じにして2つ並べて比べる「対比的観察」とがあります。この点，商品購入等に際し，消費者は過去に見た商品や広告の記憶に基づいて，商品を購入するというようなことがあるため，通常は取引における経験則に基づき場所と時間を異ならせて類否を観察する「離隔的観察」が，商品や役務を識別する状況に即したものと考えられています。

　また，商標の類否を判断するにあたっては，商標全体で判断する「全体的観察」を行うのが原則ですが，独立して識別力を有する部分（要部）があるような商標については，その要部を抽出して判断する「要部観察」を行うこともあります。なお，この要部は1つの商標において1つであるとは限らないことに注意が必要です。また，どのような部分が要部となるかも商品や役務によって変わることがあります。

(ii)　判断要素

　商標の類否判断においては，比較する2つの商標から生ずる外観，称呼，観念の各要素のうち1つでも紛らわしければ，その他の部分に紛らわしいところがない場合でも，それらの商標は互いに類似すると判断されるのが審査の原則です。ここで，「**外観が類似する**」とは視覚を通じた商標の外観が似ていることをいい，例えば「ライオン」と「テイオン」とは類似します。「**称呼が類似する**」とは，発音が聴覚上において似ていることをいい，例えば「ミノルカ」と「ミノルタ」とは類似します。「**観念が類似する**」とは意味が似ていて紛らわしいことをいい，例えば「キング」と「王」とは類似します。

　この観念類似においては，外国語などで以前は知られていなかったものが現在では知られるようになった結果，以前は非類似だったものが現在では観念類似となっている，というような場合もあります。流行も影響するため，調査する時期によって類否の判断結果が異なることもあるといえます。

　実務上は類否判断の大半が称呼類否の問題であるため，称呼の類否が最も重要視されています。

　ただし，審査基準では，これら全ての要素を総合的に考察するとされており，外観，称呼，観念の3点のうちいずれかが類似（同一）でも全体として非類似と判断されることがあります。従って，称呼が類似していても観念や外観が著しく異なるために全体としては紛らわしくない場合などは，非類似と判断されることがあります。例えば，称呼が同一で外観・観念が著しく異なるために非類似とされた例としては次のようなものがあります。

　（例）　「活／いき」と「粋／いき」（審判2001―12378号）
　　　　　「腰人防」と「用心ボー」（審判2001―4179号）

(iii)　取引実情の考慮

　審査基準では，商標の類否判断は，商標が使用される商品・役務の主たる需要者層その他商品又は役務の取引の実情を考慮し，需要者の通常有する注意力を基準として判断しなければならないとされています。つまり，その商品や役務が誰を対象としたものであるかにより，判断基準が異なってくるということ

になります。

　具体的にいえば，「取引の実情を考慮」するということは，例えば，主たる需要者について，専門家なのか一般消費者なのか，あるいは高齢者なのか子供なのか女性か，といった違いを考慮したり，業界における商標採択の傾向（薬剤ならドイツ語，化粧品ならフランス語が採択されやすい等）といった業界の慣行を考慮したりする，ということです。

　これは，具体的な取引実情においては，例えば，需要者の違いでいえば，子供を主な需要者層とするお菓子と女性を主な需要者層とする化粧品とでは，商標に払われる注意力が異なってきます。

　また，商標採択の傾向でいえば，欧文字について薬剤ではドイツ語風に，化粧品ではフランス語風に称呼されると考えられています。商標の類否の判断というものは，このような取引実情を考慮しなければ実際の商取引の場面とかけ離れてしまうことから，これを回避するための手法として，「取引実情の考慮」がなされています。

　更に，類否判断にあたっては，上述の取引実情を考慮した上で，需要者の**「通常有する注意力」**を基準にしなければなりません。従って，注意力散漫な者や反対に慎重な者なども，基準にはなりません。

　なお，審査段階では審査官がこの一般的な取引者・需要者になりかわって判断するものとされています。

⑷　結合商標の類否

　「結合商標」とは，2以上の異なる性質のものを組み合わせてなる商標です。具体的には，2以上の語を組み合わせてなる文字商標と，文字，図形又は記号の組み合わせからなる商標とがあります。このような商標に対する類否判断は，それぞれ以下のように行われます。

⒤　2以上の語を組み合わせてなる文字商標

　2以上の語を組み合わせてなる文字商標は，結合の強弱の程度を考慮して類否が判断されます。つまり，構成上一体であるか等を判断し，一部をもって取引に供されるようなものである場合には，その一部（要部）を分離・抽出して

商標の類否判断がなされることになります。審査基準では具体的な例を示して類似と判断される旨を明らかにしています。

　ただ，この審査基準があったとしても，構成上商標が分断されるものであり，その一部と他の商標とが類似しているかどうかという判断は容易ではなく，審査段階のみならず裁判でもよく争われるところです。例えば意味の違う語を組み合わせたものや，いたずらに長い（冗長な）もの，字形や配色が違うもの，何段かに分かれているものなどは一体でないとして商標を分断して（各語ごとに）類否判断をする傾向が強くなります。

　また，審査基準に該当するような場合であっても，著しく異なった外観，称呼又は観念を生ずることが明らかなときは，この限りではないとされています。

(ⅱ)　文字と図形との結合商標

　文字商標同士であれば称呼等が似ているか，図形商標同士であれば外観が似ているかで類否が判断されますが，文字と図形とが結合されている結合商標と他の商標との類否を判断する場合には，文字の部分と図形の部分を分離判断する傾向にあります。そして，文字の部分から称呼が生じ，それが他の文字商標と同一・類似であれば，類似と判断されることになります。

　一方，文字部分に識別力がないと判断された場合は，この文字以外の部分で類否が判断されることになります。例えば，図1-7の例では左の結合商標は文字部分と図形部分とを常に一体不可分としてみなければならない特段の理由も見当たらず，文字と図形それぞれが独立の識別標識として独立して機能を果たし得るとして，文字商標「UNIX」とは類似であると判断されました。

■図1-7■結合商標の分離判断の例

（審判H1－6645号）

(5) 要部（識別力を有する部分）を含む商標の類否

　商標の構成部分中，識別力のある部分が識別力のない部分と比較して著しく小さく表示された場合であっても，識別力のある部分から称呼又は観念を生ずるものとして類否が判断されます。

　また，商標に色彩を有する部分があるときは，その部分から称呼又は観念を生ずることがあるものとして類否が判断されます。

　なお，商標の要部が，それ自体は自他商品又は自他役務の識別力を有しないものであっても，使用により識別力を有するに至った場合は，その部分から称呼を生ずるものとして類否が判断されます。

(6) 立体商標

　立体商標の類否は，見る方向によって視覚に映る姿が異なるという特殊性を考慮し，特定の方向から見た場合に視覚に映る姿を表示する平面商標と外観において類似すると判断されます。そして，特定の方向から見た場合に視覚で捉えられる姿を共通にすると，立体商標同士の外観も類似することになります。

　また，立体商標はその全体ばかりでなく，特定の方向から見た場合に視覚に映る姿に相応した称呼又は観念も生じ得ます。そして，立体商標が立体的形状

と文字との結合からなる場合には，原則として当該文字部分のみに相応した称
呼又は観念も生じ得るものとされています。

　このように，立体商標は特定の方向から見た場合に映る姿に基づいて類似が
判断されますが，この姿が立体商標の特徴を表しているとは認められないとき
にはこの限りではありません。

　立体商標が類似と判断された例としては図1-8の例があります。

■図1-8■立体商標の類似判断の例

(1)

(2)

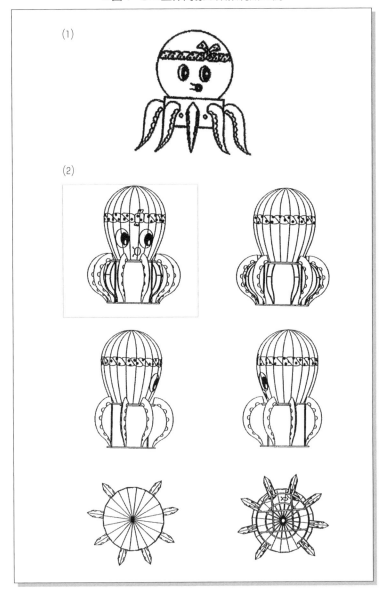

このケースでは，(1)の平面商標と，(2)の立体商標の正面から見た姿が外観において類似であると判断されました（東京高判平成13年1月31日，平成12（行ケ）234号）。

(7)　動き商標

動き商標については，時間の経過に伴い文字や図形等そのものが変化する場合と，時間の経過に伴い文字や図形等が移動する場合がありますが，動きの軌跡が文字や図形を表示する場合があります。その動きの軌跡で表示される文字や図形等が類似する場合は，原則として類似すると判断されます。

■図1-9■原則として，類似する場合の例

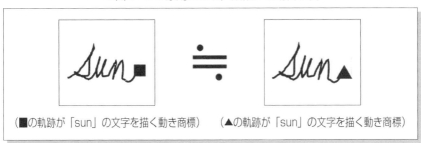

（■の軌跡が「sun」の文字を描く動き商標）　　（▲の軌跡が「sun」の文字を描く動き商標）

また，動く軌跡が線で表されて文字や図形等を形成する場合に，その軌跡によって表示される文字や図形等に相応した文字商標や図形商標と類否判断を行います。

■図1-10■原則として，類似する場合の例

なお，上記は動く軌跡が線で表された場合であり，動く軌跡のみが類似したとしても類否の判断は行わないとされています。

(8)　ホログラム商標

ホログラム商標の類否は，立体商標と同様に見る方向によって視覚に映る姿が異なるという特殊性を考慮し，特定の方向から見た場合に視覚に映る姿を表示する平面商標と外観において類似すると判断されます。

また，ホログラムにより表示される文字が単語や熟語として複数面に表示されている場合は，その点を考慮して類否の判断を行います。

■図1-11■原則として，類似しない場合の例（巻末付録参照）

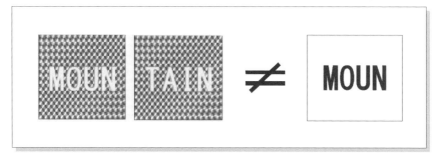

⑼　色彩のみからなる商標

　色彩のみからなる商標は形状を伴わないため，その色彩の色相，彩度，明度を考慮して類否の判断が行われます。また，色彩を組み合わせてなる商標については，上記の色相，明度，彩度の他に色彩の組み合わせによる外観も考慮して類否の判断を行い，単色の商標とは原則として類否判断を行いません。

■図1-12■原則として，類似しない場合の例（巻末付録参照）

（色彩を組み合わせてなる商標）　　　　　　　（単色の商標）

　また，「文字と色彩の結合商標」との類否判断も色彩を表示する文字商標との間においても類否判断を原則として行いません。

■図1-13■原則として，類似しない場合の例（巻末付録参照）

なお，色彩を組み合わせてなる商標の場合は，図形としての態様も生じ得ることから「図形と色彩の結合商標」との関係において，色彩の配置や割合等を考慮して類否の判断を行います。

■図1-14■原則として，類似する場合の例（巻末付録参照）

⑽　音商標

　音商標は，音声による特殊性を考慮してこれまでの外観や称呼及び観念といった基準ではなく，音商標を構成する音楽的要素（メロディー，ハーモニー，リズム又はテンポ，音色等）と言語的要素（歌詞等）を考慮して類否判断を行います。

(i)　音楽的要素のみからなる音商標間の類否判断

　歌詞を含まない音商標の場合，識別性を有する部分を要部として抽出してメロディーが同一又は類似であることを考慮して類否判断を行います。

(ⅱ)　言語的要素を含む音商標間の類否判断

　歌詞を含む音商標の場合，言語的要素と音楽的要素の識別性を考慮して類否の判断を行います。

　例えば，音楽的要素が共通して言語的要素が類似しない場合，音楽的要素の識別性が弱い場合は，原則として類似しないと判断されます。

　しかし，音楽的要素が著名なものなど識別性が強い場合等は，言語的要素が類似しない場合においても，類似と判断される場合もあります。

(ⅲ)　言語的要素を含む音商標と文字商標との類否判断

　その音商標の言語的要素が要部として抽出されるような場合は，文字商標との間においても類否の判断を行います。

■図1-15■原則として，類似する場合の例

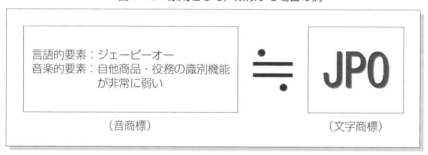

(11)　位置商標

　位置商標については，文字や図形等の標章を商品等に付する位置が要素として含まれるため，その特質を踏まえ類否の判断が行われます。

(ⅰ)　位置商標間の類否判断

　標章が要部として抽出されない（識別性が認められない）場合については，その商標が付されている位置も考慮して類否判断が行われます。

■図1-16■原則として，類似する場合の例（指定商品第28類「動物のぬいぐるみ」）

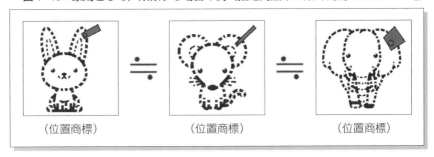

（位置商標）　　　　　（位置商標）　　　　　（位置商標）

　また，位置商標を構成する標章に識別性が認められる場合は，その商標を付する位置が異なる場合であっても，標章が類似する場合は原則として類似すると判断されます。

■図1-17■原則として，類似する場合の例

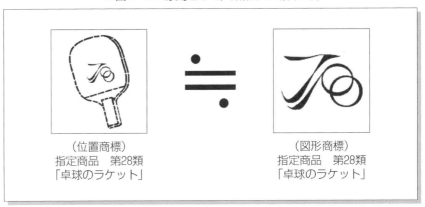

（位置商標）　　　　　　　　　　　　（図形商標）
指定商品　第28類　　　　　　　　　　指定商品　第28類
「卓球のラケット」　　　　　　　　　「卓球のラケット」

(ii)　位置商標と図形商標等との類否判断

　位置商標を構成する標章が要部として抽出されない場合については，その商標が付されている位置を考慮して類否判断がされます。また，要部として抽出される場合は，図形部分が同一又は類似する場合は，原則として類似すると判断されます。

⑿　地域団体商標

　地域団体商標については，その特質に鑑み，類否判断は次のように行われることになっています。

（ⅰ）　地域団体商標として登録された商標

　使用をされた結果商標全体の構成が不可分一体のものとして需要者に広く認識されている実情が考慮され，商標の類否判断においても，商標全体の構成を不可分一体のものとして判断されます。

（ⅱ）　地域団体商標として登録された商標と同一又は類似の文字部分を含む商標

　（ⅰ）の事情を考慮し，原則として地域団体商標と類似するものと判断されます。

3　商品・役務の類似

⑴　商品・役務の類似とは

　商標が類似であるためには，その商標が付される商品・役務が同一・類似である必要があります。この商品・役務の類似の概念も商標の類似と同様に重要な概念であるにもかかわらず，商標法上特に定められていません。一般には，同一・類似の商標を付した場合に（取引の実情などから判断して）需要者や取引者に出所混同を生じさせるおそれがある場合に類似するとされています。

⑵　商品・役務の類否判断

　商品・役務の類否判断は，比較される商品・役務が生産部門，流通部門，販売部門，原材料及び品質，用途，需要者等の範囲において一致するかどうか，それらが完成品と部品との関係にあるかどうか，といったことなどを総合的に考慮して行われます。

　しかし，この基準だけでは判断を統一的なものとするのは難しいことから，

実際の類否判断は，審査における判断の不統一を避けるため，特許庁商標課において作成された「**類似商品・役務審査基準**」に基づいて行われます。この審査基準では，相互に類似するとされる商品・役務の範囲が類似商品・役務群としてまとめて示されており，個々の商品・役務には「**類似群コード**」というものが付されています。この類似群コードはアルファベットの前後に数字2文字を付けた5桁のコードで表されており，この類似群コードが同一であれば，審査においてはそれらの商品・役務は類似すると推定されることになります。

　ただし，類似群コードが同じ場合でも，商取引の事情の推移から，非類似を判断される場合もあります。また特に類似群内のものはあくまでも審査上類似として審査されるだけで，審判や裁判では前述の比較される商品・役務が生産部門，流通部門，販売部門，原材料及び品質，用途，需要者等の範囲において一致するかどうか，それらが完成品と部品との関係にあるかどうか，といった基準により個別に判断されています。

４　調査用データベース

　先行商標の調査は，主にデータベースを利用した商標検索とその結果に基づく商標との類否判断により行います。

　商標検索用のデータベースは有料のもの，無料のものと様々ありますが，まずは無料のデータベースとして特許情報プラットフォームを利用し，必要に応じて有料の商用データベースを使うのが費用の面からは効率的といえるでしょう。

　なお，特許情報プラットフォームでは，商標公報，出願・登録情報，称呼検索，図形検索，商品・役務名リスト，日本国周知・著名商標（防護標章として登録されている商標及び審判や判決，異議決定で周知・著名と認められた商標），不登録標章検索（商標法において登録できないとされている標章）を調査することができます。

5　商標調査の手順

(1)　商　標

　まずは，調査対象となる商標を特定します。調査の後に使用又は出願する商標の形や配色などを変更すると，調査した商標とは類似範囲が変わってしまうため事前調査の意味が薄れてしまいます。

　そのため使用又は出願をする商標をどのような態様にするのか，ということを念頭に，将来使用又は出願する可能性のある態様を調査対象の商標とするのが好ましいといえます。

　その際，商標には上述したように文字商標，図形商標，記号商標，立体商標などがありますので，いずれのタイプで出願するのかについても検討した上で調査する必要があります。

　更に，調査の際には，調査対象となる商標がどのように審査されるのかということを予想して調査することも必要です。商標の類否判断の要素はその商標から生じる外観・称呼・観念を考慮して審査されますので，その審査における類否判断の傾向を踏まえた検討が必要です。

　例えば，文字商標の場合，特に英語表記のものなどは，本来の読み方の他ローマ字読みなども検討するなど，実際に使用される商標の称呼とは違った読み方も調査することが必要な場合もあります。

　また，識別力のない商標等は登録されないので，これも可能な限り調査検討する必要があります。

(2)　商品・役務

　既に同一又は類似の商標が登録されている場合であっても，指定されている商品又は役務が類似するものでなければ原則として登録できますので，使用又は出願を行う商品や役務を特定した上で調査する必要があります。なお，特許情報プラットフォームでは「初心者向け検索」として商標だけの検索もできるため商品や役務を特定することなく調査を行うことも可能ですが，より確実性

を高めるためにも商品や役務は特定した方がいいでしょう。

　また，商標は継続して使用するものなので，今は特に使っていないとしても将来事業展開する可能性が考えられる商品や役務まで調査しておく方がよいでしょう。

　なお，実務上，商品又は役務の類似範囲は上述した「類似群コード」に基づいて審査されているため，この類似群コードを使って調査を行います。

(ⅰ)　類似群コードの調べ方

　まず，特許情報プラットフォームで「商標」の中の「商品・役務名検索」を開き，その画面の「商品・役務名」の欄に，調べたい商品名を入力します。すると入力した文字を含む商品名が表示されますので，その中から出願する商品にあたるものを見つけ，それに割り当てられた類似群コードを確認します。

　そして商品・役務分類の類似群コードを決定してから，その商品・役務分類の類似群コードの範囲の中で商標調査を行うことになります。

　各商品，役務は必ずしも1つの類似群コードを有しているとは限らず，複数有している場合もあります。この場合には，それぞれの類似群コードの商品や役務と類似すると推定されることになりますので，調査においては全ての類似群コードを調べる必要があります。

(ⅱ)　備考類似

　類似商品・役務審査基準では，「備考類似」というものがあります。これは類似群コードで定められた範囲を超えて審判や判決などで類似性が確立されているものについて，個別に類似であると認定されているものです。具体的には類似商品・類似役務審査基準において，（備考）として「○○は△△に類似する」と示されています。

　備考類似の関係にある商品又は役務については，審査官が職権で商標調査（クロス・サーチング）することは困難であるとして原則として検討が行われておりません。ただし，指定商品を具体的に記載している場合や情報提供や登録異議申立の場面などで第三者より指摘を受けた場合は，類似であるとして検討される場合もありますので，注意が必要です。

6　特許情報プラットフォームを使った商標検索の方法

　特許情報プラットフォームでの商標検索は，特許情報プラットフォームの TOP ページにある「商標検索」の欄から入ることができます。

　この商標検索では，「商標検索」「商品・役務名検索」等が可能です。次にそれぞれ説明します。

(1)　商標番号照会

　商標番号照会では，出願番号や登録番号などの文献番号から出願・登録情報又は公報を検索することができます。ただし，平成12（2000）年以前に出願された文献については一部書誌情報が掲載されておらず，公報のみの掲載となっているケースがあります（特に平成12（2000）年以前に権利が消滅している文献については書誌情報の未掲載が多くみられます）。

　そのため平成12（2000）年以前に既に権利が消滅している登録商標等については，「検索対象種別」を「公報」の欄にした上で検索されることをお勧めします。また，平成12（2000）年当時又はそれ以降に出願された若しくは権利が存続していた出願又は登録情報については，「検索対象種別」を「出願・登録情報」の欄にした上で検索されると最新の情報（出願・権利が消滅している場合は消滅時の情報）を確認することができます。

　なお，1件1件を番号のみで検索する「番号入力」と，連続する番号をまとめて検索することができる「番号範囲入力」を「番号入力」の欄にて選択することができます。

〈検索できる項目〉
- 出願番号
- 登録番号
- 国際登録番号
- 公告番号
- 審判番号

　入力に際してはいくつか注意事項があります（詳しくは検索ページの右上の「ヘルプ」内に記載されています）。

〈入力条件〉
- すべて半角数字・記号のみの入力
- 複数の公報番号を入力する場合は，1スペースを開けて入力することで，複数の番号を検索することができます。
- 分割・防護標章の場合
  分割の場合：「-」，防護標章の場合：「/」の記号を使用
  （例：2001-123456-2，2001-123456/02）
  なお，検索対象種別で「出願・登録情報」を選択している場合は，番号の後に「?」をつけると分割及び防護標章を含めた検索が可能です。
  （例：2001-123456?）
- 西暦・和暦のいずれも可
  （令和：「R」又は「r」，平成：「H」又は「h」，昭和：「S」又は「s」，大正：「T」又は「t」，明治：「M」又は「m」の略語を使用）

(2)　商標検索

　商標検索では，公開された商標登録出願及び登録を受けた登録商標，拒絶が確定された商標登録出願の書誌情報が掲載されています。この検索は，様々な角度から（商標名，権利者名，出願の時期など）の検索を可能としている点に特徴があります。

〈検索できる項目〉

①商標（マーク）
- 商標
- 称呼（単純文字列検索）
- 称呼（類似検索）
- 図形検索

②商品・役務

③その他の検索キーワード
- 出願人／権利者／名義人
- 国内代理人
- 異議申立人
- 出願人／権利者／名義人住所
- 申請人識別番号

- 類似群コード
- 区分
- 法区分（版）・類
- 商標の詳細な説明

　また，除外キーワードの欄から項目を選択して入力すると，いわゆる NOT 検索が可能となっています。

〈除外キーワードが可能な項目〉
- 商標
- 称呼（単純文字列検索）
- 図形等分類
- 類似群コード
- 区分
- 出願人／権利者／名義人
- 国内代理人
- 異議申立人
- 出願人／権利者／名義人住所
- 申請人識別番号
- 法区分（版）・類
- 商標の詳細な説明

　さらに，検索オプションの欄を使用することにより，既に消滅した商標出願・登録を検索することができたり，立体商標等の商標のタイプに限って検索することが可能となっています。また，出願日や登録日等の日付を範囲指定して絞り込みをかけることも可能となっています。

〈検索オプションで絞り込みが可能な項目〉
①対象文献　　　：「国内出願」「マドプロ出願」（通常は「全件」）
②ステータス　　：「出願・権利存続中」「全て（消滅した権利を含む）」
　　　　　　　　　（通常は，「出願・権利存続中」）
③出願種別　　　：「商標登録出願」「団体商標」「地域団体商標」「防護標章」
④商標のタイプ：「立体商標」「音商標」「動き商標」「位置商標」
　　　　　　　　　「ホログラム商標」「色彩のみからなる商標」「標準文字商標」
④商標の詳細な説明：「有（説明あり）」「無（説明なし）」
⑤日付指定　　　：「出願日／国際登録日（事後指定日）」「公開日」「公告日」
　　　　　　　　　「登録日（マドプロの場合は国内登録日）」「登録公報発行日」
　　　　　　　　　「存続期間満了日」「拒絶査定発送日」「予告登録日」
　　　　　　　　　「最終処分日」

　入力に際しては，注意事項の詳細は検索ページの右上の「ヘルプ」内にて記載されています。また，「称呼（類似検索）」，「称呼（単純文字列検索）」，「商標（検索用）」の検索結果の留意事項の詳細については，検索ページの「利用上の注意」のリンク先ページに紹介されていますので，ご参照ください。

(i)　商標（検索用）

　文字を含む商標で，同一の範囲について検索する場合に使用します。

　また，入力は全角文字であり，完全同一のみ検索されますが，「？」をつけるとそれ以外も検索できます。例えばこの「？」を検索を行う商標の直前につけると「後方一致検索」となり，直後につけると前方一致検索となります。さらに前後に「？」をつけると「前方後方一致検索」となります。

　また，入力に際しては注意事項の詳細は検索ページの右上の「ヘルプ」内にて記載されていますが，簡単にまとめると以下のとおりとなっています。

〈入力条件〉
- ギリシャ文字，丸付き数字や () 付き数字は数字で表示
  （例：Ⅱ世→2世，①（1）→1）
- 句読点やピリオド（「、」「。」「,」「.」）は黒丸（「・」）で表示
  （例：コマキ。⇒コマキ・）
- アンダーバー「＿」はハイフン（「−」）で表示
- カッコ（『　』，「　」，［　］など）が存在する場合は，省略せずに入力
- スペースを含む場合は，スペースを削除して入力
  （例：Ａ　Ｂ→ＡＢ）
- 符号つき文字（ラテン文字等）を含む場合は，符号を外して表示
  （例：Café → Cafe）

　なお，検索項目の欄において，スペースを入れて入力した場合は，入力した語について OR 検索ができます。また，検索する文字については，大文字と小文字との間では相互に検索しますが，英文字，平仮名，カタカナの相互間では検索しません。従って，各文字種のそれぞれについて入力して検索を行う必要があります。

（例：「山」を検索→「山」のほか「やま」「ヤマ」「YAMA」でも検索）

■図1-18■商標（検索用）入力例

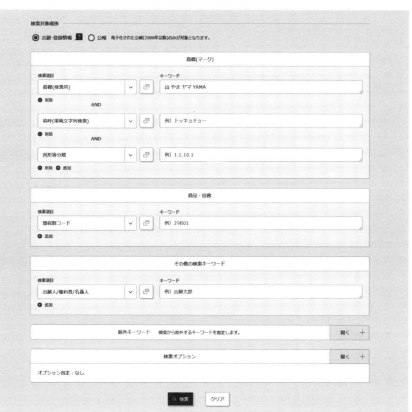

　結果は図1-19のように一覧で表示されますので，確認したい商標について
クリックして詳細を調べます。

■図1-19■検索結果

(ii)　称呼（単純文字列検索），称呼（類似検索）

　前述の商標（検索用）が入力内容と同一の範囲のみで検索を行うのに対し，
称呼検索は一定の検索基準及び検索条件に基づき，ある程度の幅を持った検索
を行う点に特徴があります。

　称呼（単純文字列検索）については，同一称呼についての検索が可能です。
また「？」を使用することで前方一致，後方一致，前方後方一致検索といった
一部の称呼が共通する検索を行うこともできます。

　称呼（類似検索）については，同一又は類似範囲についての検索が可能です。ただし，検索結果については検索ページの「利用上の注意」のリンク先ページに紹介されている称呼基準に基づいて，入力した称呼と該当する関係にある商標を抽出して表示しています。そのため，検索結果として抽出されない商標が審査において類似する商標であると判断される場合もありますので，複数の称呼が生じ得る商標については，その全てについて検索する必要があります。

　なお，検索については，全角カタカナ文字のみとなっており，スペースを入れて入力することで，２つまでOR検索をすることができます。また，称呼（類似検索）については，「？」を使用した検索を行うことはできません。

■図1-20■ 称呼（単純文字列検索）入力例

検索結果は，図１-21のように一覧で表示されますので，確認したい商標についてクリックして詳細を調べます。

■図１-21■検索結果

検索結果一覧(出願･登録情報)　▶ヘルプ

検索ヒット件数
(526)

検索一覧オプション　閉じる —

出願年別：全て | 2021年(24件) | 2020年(61件) | 2019年(35件) | 2018年(47件) | 2017年(38件) | 2016年(27件) | 2015年(36件) | 2014年(27件) | 2013年(18件) | 他(213件)

区分別：全て | 30(199件) | 09(103件) | 29(81件) | 35(76件) | 41(54件) | 42(44件) | 43(44件) | 07(28件) | 16(26件) | 25(17件)

出願種別：全て | 商標登録出願(525件) | 団体商標(1件)

商標のタイプ：全て | 標準文字商標(236件)

一覧画面の表示形式：◉ 書誌と商標見本(リスト形式) ○ 書誌と商標見本(カード形式) ○ 書誌のみ

一覧印刷　CSV出力

No.	出願番号/登録番号/国際登録番号	商標見本	商標(検索用)	称呼基準 ▲	称呼(参考情報)	区分	出願人/権利者/名義人	出願日/国際登録日(事後指定日) ▲	登録日 ▲	ステータス ▲	各種機能
1	登録0742177 (商願昭40-045373)		TOSNUC	-	トスナック	07 09	芝浦機械株式会社	1965/09/27	1967/05/15	存続-登録-継続	経過情報 公報表示 URL
2	登録0791712 (商願昭42-011912)		SNACK TIME＼スナックタイム	-	スナックタイム	30	株式会社不二家	1967/02/27	1968/08/29	存続-登録-継続	経過情報 公報表示 URL
3	登録1028845 (商願昭45-085977)	ASNAC アスナック	ASNAC＼アスナック	-	アスナック	19	株式会社ノザワ	1970/08/14	1973/09/01	存続-登録-継続	経過情報 公報表示 URL
4	登録1102248 (商願昭46-095258)	ファスナック	ファスナック	-	ファスナック	06 20	株式会社ブレスト工業研究所	1971/09/03	1975/01/09	存続-登録-継続	経過情報 公報表示 URL

(iii)　図形検索

　図形商標検索は，文字どおり，図形商標を「ウィーン図形分類リスト（図形ターム）」と呼ばれるコード番号に基づき検索を行います。「ウィーン図形分類」は，図形要素を含む商標の検索処理を促進するために，その形状を細かく分類したものであり，「図形等分類表」で検索することができます。

　また，入力は半角文字であり，「？」をつけると前方一致による検索ができます。さらに検索項目の欄において，スペースを入れて入力した場合は，入力した語について OR 検索ができ，欄を変えて入力すると AND 検索となりますので，これらを利用してうまく絞り込みをかけた検索を行うことが必要となります。

　図形等分類表については，分類のカテゴリーから入力窓をクリックすることで対象となる図形等分類を探す「図形など分類照会」での探し方と，キーワードを入力して対象となる図形等分類を探す「キーワード検索」での検索ができます。

■図1-22■図形等分類表

　キーワード検索を行った場合の検索結果は，図1-23のように一覧で表示されます。また検索する図形タームをクリックすると商標検索に入力されて表示されます（図1-24参照）。

■図1-23■検索結果

■図1-24■図形等分類入力例

また，検索結果は，図１−25のように一覧で表示されますので，確認したい商標についてクリックして詳細を調べます。

■図１−25■検索結果

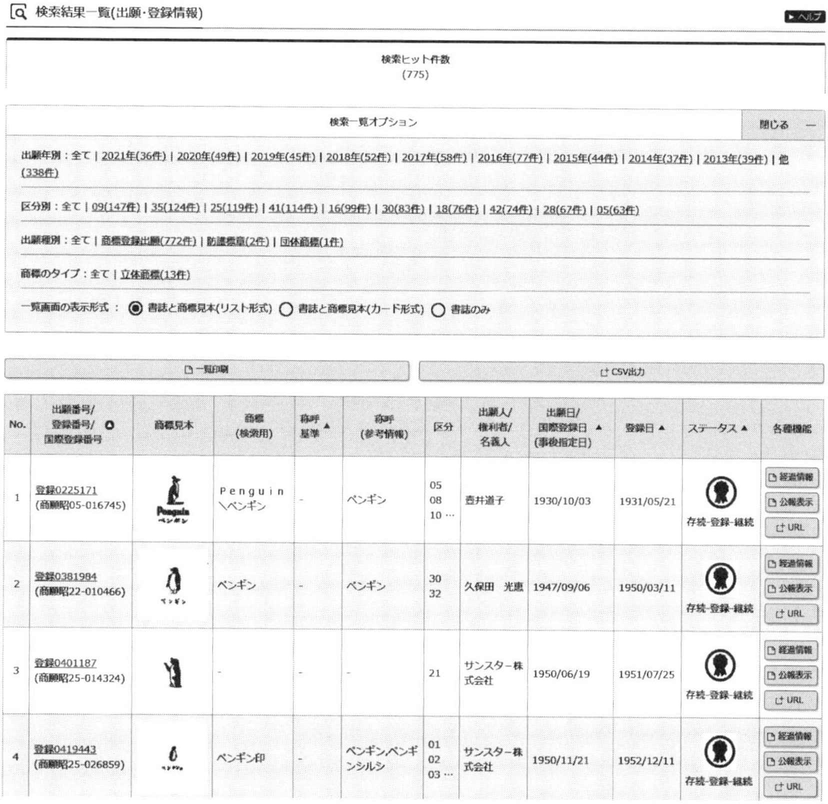

検索結果一覧(出願・登録情報)　▶ヘルプ

検索ヒット件数
(775)

検索一覧オプション　閉じる —

出願年別：全て | 2021年(36件) | 2020年(49件) | 2019年(45件) | 2018年(52件) | 2017年(58件) | 2016年(77件) | 2015年(44件) | 2014年(37件) | 2013年(39件) | 他(338件)

区分別：全て | 09(147件) | 35(124件) | 25(119件) | 41(114件) | 16(99件) | 30(83件) | 18(76件) | 42(74件) | 28(67件) | 05(63件)

出願種別：全て | 商標登録出願(772件) | 防護標章(2件) | 団体商標(1件)

商標のタイプ：全て | 立体商標(13件)

一覧画面の表示形式：◉書誌と商標見本(リスト形式) ○書誌と商標見本(カード形式) ○書誌のみ

一覧印刷　CSV出力

No.	出願番号/登録番号/国際登録番号	商標見本	商標(検索用)	称呼基準 ▲	称呼(参考情報)	区分	出願人/権利者/名義人	出願日/国際登録日 ▲(事後指定日)	登録日 ▲	ステータス ▲	各種機能
1	登録0225171 (商願昭05-016745)	Penguin ペンギン	Penguin \ペンギン	-	ペンギン	05 08 10 …	壺井道子	1930/10/03	1931/05/21	存続-登録-継続	経過情報 公報表示 URL
2	登録0381984 (商願昭22-010466)	ペンギン	ペンギン	-	ペンギン	30 32	久保田　光恵	1947/09/06	1950/03/11	存続-登録-継続	経過情報 公報表示 URL
3	登録0401187 (商願昭25-014324)		-	-	-	21	サンスター株式会社	1950/06/19	1951/07/25	存続-登録-継続	経過情報 公報表示 URL
4	登録0419443 (商願昭25-026859)		ペンギン印	-	ペンギン,ペンギンシルシ	01 02 03 …	サンスター株式会社	1950/11/21	1952/12/11	存続-登録-継続	経過情報 公報表示 URL

III

出願に際して注意すべき点

1　商標登録に必要な要件

　出願された商標は，全て登録となるわけではなく，特許庁の審査官により方式的及び実体的に要件を満たした出願であるかの審査がなされ，その結果，登録の要件を満たした出願のみ登録となります。

　一方，登録の要件を満たしていないと思われる出願に対しては，その要件を満たしていない理由が「拒絶理由通知書」や「手続補正指令書」等の書面により通知されます。そのため，出願書類を作成する際には，商標法に規定されている登録要件，具体的には次の5つの要件を具備しているか，注意する必要があります。

> ① 適切な商標登録出願であること
> ② 識別性を有すること（3条の各規定に該当しないこと）
> ③ 不登録事由に該当しないこと（4条の各規定に該当しないこと）
> ④ 使用意思を有する商品又は役務を指定すること
> ⑤ 商標法6条1項及び2項の規定に従った商品又は役務を指定すること

2　適式な商標登録出願であること

　以下のような出願の場合は，適式でない商標登録出願であるとして登録を受けることができません。

(1)　団体商標・地域団体商標の商標登録出願について

　詳細は後述しますが，団体商標や地域団体商標は，その制度制定の趣旨から，出願できる者が制限されており，それらの要件を満たしていない出願は，商標登録を受けることができないため，注意が必要です。

(2)　標準文字による商標登録出願について

　標準文字は，願書の中に直接表記することができる出願形態ですが，特許庁長官の指定する文字のみに限定されます。この指定文字は商標審査便覧に規定されていますが，大部分の漢字（JIS 規格の第 1 水準及び第 2 水準），カタカナ，平仮名，数字，英文字及び次の記号により構成されています（標準文字の一覧は，商標審査便覧の「巻末資料 1 - 1」で確認することができます）

■図 1 -26 ■標準文字

〈標準文字で出願できる記号〉
， 。 ， ． ・ ！ 、 ゛々 ー ― 〜 ' ' ( ) 〔 〕 [ ] 「 」 ＋ － ％ ＆ ＠
〈標準文字で出願できない記号例〉
￥ ＊ ＄ ＃ " " ＝ ： ： ？ ／ ＼ ゛ ク メ - ‖ 〈 〉 『 』 【 】 ×

　また，次の場合は標準文字による出願とは認められません。

　① 図形を含む商標
　② 指定文字以外の文字を含む商標
　③ スペースも含めて30文字を超える文字数の商標
　④ スペースを連続して使用している商標
　⑤ 縦書き・2 段以上の構成からなる商標
　⑥ フォントのポイント（文字の大きさ）が異なる商標
　⑦ 色彩を付した商標
　⑧ 文字の一部が図形的・異なる書体で記載されている商標
　⑨ 花文字等の特殊文字で記載されている商標

(3)　立体商標による商標登録出願について

　立体商標については通常の商標登録出願と変わるところはありませんが，以下の態様で出願した場合は，立体商標を構成するものとは認められないとして，商標登録を受けることができないため，注意が必要です。

■図1-27■ a．三次元の物の外観としての立体的形状が記載されていない場合

■図1-28■ b．立体的形状と平面標章が分離した構成及び態様で記載されている場合

■図1-29■ c．複数の図が記載されているが，各図の示す標章が合致しない場合

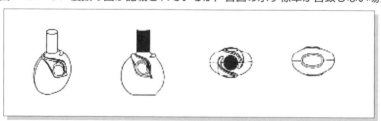

(4)　動き商標による商標登録出願について

　動き商標については，以下のように願書に記載した商標から，時間の経過に伴う標章の変化の状態が確認できない態様で出願した場合は，動き商標とは認められないとして，商標登録を受けることができないため注意が必要です。

■図１−30■時間の経過に伴う標章の変化の状態が確認できない場合

　なお，標章が変化せずに移動する場合で１枚の図で作成する場合は，移動す
る軌跡が分かるような指示線を付す必要があります。また，標章が変化しなが
ら移動する場合は，複数の図によりその軌跡と図の変化が分かるように作成す
る必要があります。

⑸　ホログラム商標による商標登録出願について

　ホログラム商標については，見る角度の違いによって標章が変化する特徴を
有することから，その変化の状態が確認できるように作成する必要があります。
そのため，作成する図については変化の状態に合わせて複数作成する必要があ
ります。

⑹　色彩のみからなる商標による商標登録出願について

　色彩のみからなる商標については，色彩以外の文字や図形等を構成に含む場
合は，商標登録を受けることができる商標に該当しないと判断されますので注
意が必要です。

■図1-31■認められる例（巻末付録参照）

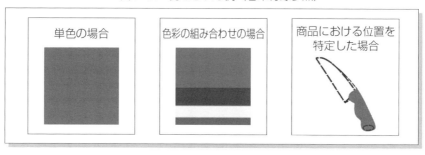

■図1-32■認められない例（巻末付録参照）

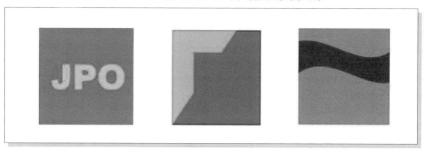

(7) 音商標による商標登録出願について

音商標については，音声を願書に付すことはできないため，以下のいずれかを商標見本に記載する方法により，商標を特定する必要があります。

①　五線譜による記載
②　文字による記載

(i) 五線譜による記載の場合

以下の全ての事項が記載された五線譜にて記載する必要があります。

① 音符
② 音部記号（ト音記号など）
③ テンポ（メトロノーム記号や速度標語）
④ 拍子記号（４分の４拍子など）
⑤ 言語的要素（歌詞がある場合）

■図1-33■五線譜で認められる例

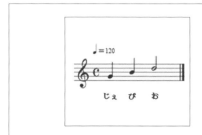 

(ii)　文字による記載の場合

以下の事項を記載する必要があります。

① 擬音語又は擬態語と組み合わせる等の方法により特定して記載された音の種類（例：「ニャオ」という猫の鳴き声、「パンパン」と手をたたく音等）
② 音の長さ（時間），音の回数，音の順番，音の変化（音量の変化，音声の強弱，音のテンポの変化等）等

■図1-34■文字で認められる例

本商標は、「パンパン」と２回手をたたく音が聞こえた後に、「ニャオ」という猫の鳴き声が聞こえる構成となっており、全体で３秒間の長さである。

(8)　位置商標による商標登録出願について

　位置商標については，１又は異なる２以上の図又は写真により，標章及びそれを付する商品中の位置が特定できるように表示する必要があります。また，商標に係る標章は実線でそれ以外の部分は破線で示すことが求められています。

　なお，複数の図において標章を特定する場合，各図における標章の位置が異なる場合は，商標登録を受けることができないため，各図が整合するように作成するよう注意する必要があります。

(9)　願書の記載について

　上記のような商標については，その内容を特定することが困難であるため，出願する商標のタイプに合わせ，願書の【商標登録を受けようとする商標】の欄の次に，商標の種類について記載する必要があります。

　また，新しいタイプの商標については，その商標の内容を特定するために【商標の詳細な説明】の欄を設けることが必要となります。

■図1-35■願書の記載事項について

商標のタイプ	タイプの記載 （5条2項）	商標の詳細な説明 （5条4項）	物件 （5条4項）
商標見本	×	×	×
標準文字商標	○	×	×
立体商標	○	×	×
動き商標	○	○	×
ホログラム商標	○	○	×
色彩のみの商標	○	○	×
音商標	○	△	○
位置商標	○	○	×

　また，組み合わせによる商標については，以下のタイプの記載をします。

> ・「立体商標」と「動き商標」の組み合わせ：「動き商標」
> ・「立体商標」と「ホログラム商標」の組み合わせ：「ホログラム商標」
> ・「立体商標」と「位置商標」の組み合わせ：「位置商標」

3 識別性を有すること

　識別性に関する規定は商標法３条１項各号に規定されており，これらの規定に該当するような商標は原則として識別性がないとして拒絶されます。

(1)　普通名称・慣用商標（商標法３条１項１号・２号）

　「普通名称」とは，その商品又は役務の一般的名称であり，取引において通常使用される名称が該当します。また，「慣用商標」とは，その商品又は役務を取り扱う同業者間において使用された結果，識別力を喪失した名称やマークが該当します。

　これらの名称やマークは，全国的に知られている必要はなく，特定の地方で一般的な商品名又はサービス名として使用され，また慣用されている商標であっても，普通名称・慣用商標に該当するとして登録を受けることができません。また，例えば「シャープペンシル」や「エスカレーター」のように，昔は商標として機能していたものの，多くの同業者などに使用された結果，識別力を喪失した名称（「普通名称化された商標」といいます）についても普通名称として登録を受けることができません。

> ①　普通名称に該当する例
> 　(ⅰ)　商品名：時計に「時計」
> 　　　　　　　：本に「BOOK」
> 　(ⅱ)　役務名：美容サービスに「美容」
> 　(ⅲ)　略　称：アルミニウムに「アルミ」
> 　　　　　　　：損害保険の引受けに「損保」

　(iv)　俗　　称：箸に「おてもと」
　　　　　　　　　：演芸の興行の企画又は運営に「呼屋」
②　慣用商標に該当する例
　(i)　清酒に「正宗」
　(ii)　餅菓子に「羽二重餅」
　(iii)　宿泊施設の提供に「観光ホテル」
　(iv)　興行場の座席の手配サービスに「プレイガイド」
　(v)　カステラに「オランダ船の図形」

　なお，自動車に「せんべい」，ウイスキーに「あんみつ」といったように，これが普通に使われている商品以外の商品を指定した場合は，普通名称には該当しません。では，チョコレートに「○○チョコレート」とした場合はどうでしょうか。この場合も普通名称には該当せず，商標全体として識別することができれば（○○の部分が登録要件を満たせば）登録を受けることができます。

(2)　記述的な商標のみからなる商標（商標法3条1項3号）

　商品や役務の内容を示すような以下の商標は，原則として登録を受けることができません（商標法3条1項3号）。

①　商品の産地・販売地，役務の提供場所
②　商品の品質・原材料・効能・用途
③　役務の質の用に供する物・効能・用途
④　商品の品質・形状・価格，役務の質の数量・態様・価格
⑤　商品の生産又は生産方法，役務の提供方法若しくは時期

(i)　商品の産地・販売地，役務の提供場所

　例えば，次のような商標は原則として登録を受けることができません。

(a)　国名・国名の略称・現存する旧国家名
(b)　首都名，県名，州名，州都名，省名，省都名，群名，県都名，旧国名，旧地
　　域名，地方名，市，特別区，著名な繁華街の著名な観光地のうち，直接商品の

　　産地，販売地に役務の販売地として商標を結びつける要因があるような場合
　ⓒ　湖沼，山岳，河川，高原，公園，道路，駅名，公共の建築物などの著名な観
　　光地の名称・略称・図形を示す場合
　〈具体例〉
　・産地：ワインについて「パリ」
　　　　　　　洋服について「LONDON」
　・販売地：スーツについて「東京銀座」
　　　　　　　　香水について「シャンゼリゼ」
　・提供場所：飲食物の提供について「札幌ススキノ」「東京銀座」
　・湖沼：お菓子について「琵琶湖」
　・高原：野沢菜について「美ヶ原高原」
　・空港：お菓子について「成田空港」

　なお，商品の産地・役務の提供場所と商標を結びつける要因がないような場
合は，登録を受けることができます。

　×　金属洋食器について「つばめ」　→　新潟県の「燕市」を想起
　○　石鹸について「つばめ」　→　地名を想起しない

⒤　商品の品質・原材料・効能・用途，役務の質の用に供する物・効能・用途

　例えば，以下のような商標は原則として登録を受けることができません。

　①　商品の品質等又は役務の質の用に供する物等を直接的に示す場合
　②　長音符号を除いた場合に，商品の品質等又は役務の質等を示す場合
　③　「書籍」「フィルム」「登録済みの磁気テープ」「録音済みのコンパクトディス
　　ク」「レコード」「放送番組の制作」等の商品又は役務を指定した場合において，
　　特定の内容（題号やタイトル名）を表示するものと認められる場合
　〈具体例〉
　・品質：ワイシャツについて「特別仕立」
　　　　　清酒について「吟醸」
　　　　　乗用車について「デラックス」

- 原材料：洋服について「WOOL」「麻」
　　　　　家具について「スティール」
- 効能：電子応用静電複写機について「Speed Copy」
　　　　入浴剤について「疲労回復」
- 用途：セーターについて「Men's Wear」
- その他(ex. 前掲②)：「コクナール」「スグレータ」「とーくべつ」「うまーい」など

　なお書籍などの題号であっても，「定期刊行物」や「全集」,「辞書」,「百科事典」,「年鑑」であれば，登録を受けることができます。しかし，放送番組名は例外なく認められず，連続テレビ番組名であっても認められていません。

(iii) 指定商品の形状，指定役務の利用に供するものの形状等そのものの範囲を出ないとされる立体的形状

　例えば，以下のような商標は原則として登録を受けることができません。

■図1-36■具体例

通常の菓子を認識させる
立体的形状

通常のウイスキーのビン
を認識させる立体的形状

　特に包装容器や菓子の形状などの立体商標における審査の基準は厳しく，広告人形的な商標やキャラクター等の商品の形状とは無関係の形状（看板的な形状）を有するもの，商品の容器に文字や図形が貼り付けられている立体商標の登録例がみられます。しかし，上記のビン等の包装容器の形状については，その形状が著名なものを除き，大部分の出願が拒絶されているのが現状です。

(ⅳ)　商品の数量・形状・価格，役務の質の数量・態様・価格

例えば，以下のような商標は原則として登録を受けることができません。

〈具体例〉
- 数量：舞踊の教授について「10回レッスン」「週2回」
　　　　自動車運転の教授について「1週間コース」
- 態様：うどんの提供について「手打ち」
　　　　飲食物の提供について「セルフサービス」
- 価格：飲食物の提供について「800円均一」「1人3,000円」
　　　　語学の教授について「1レッスン1,500円」

(ⅴ)　商品の生産又は生産方法，役務の提供方法若しくは時期

例えば，以下のような商標は原則として登録を受けることができません。

〈具体例〉
- 提供の方法：洗濯について「ドライクリーニング」
　　　　　　　バスによる輸送について「貸し切り」
- 提供の時期：学習塾による知識の教授について「サマーレッスン」
　　　　　　　医業について「毎週木曜休診」

　なお，上記のように品質等を直接的に記述したものではなく，品質等をそれとなく暗示したような商標（「品質等の間接表示」による商標）については，識別性を有するものとして登録を受けることができます。

　例えば，(a)商品等の普通名称や品質表示等の一部からなるもの，(b)商品等の普通名称・品質名称と結合してなるもの，(c)指定商品に係る専門用語ないし，その一部に含まれている場合は，登録を受けることができます。

〈具体例〉
- 文房具について「セロテープ」（セロファン製テープ）
- 加工食品について「カライーカ」（辛い烏賊）

⑹　商品又は役務の特徴に該当する色彩のみからなる商標

　例えば，以下のような商品等が通常有する色彩のみからなる商標は原則として登録を受けることができません。

〈具体例〉
- 木炭について「黒色」
- 自動車用タイヤについて「黒色」
- 携帯電話について「シルバー」

⑺　商品又は役務の特徴に該当する音商標

　商品から通常発する音又は役務の提供にあたり通常発する音で，例えば以下のような音については，原則として登録を受けることができません。

〈具体例〉
- 炭酸飲料について「『シュワシュワ』と泡のはじける音」
- 目ざまし時計について「『ピピピ』というアラーム音」
- 焼肉の提供について，「『ジュー』という肉の焼ける音」
- ボクシングの興行の開催について，「『カーン』というゴングを鳴らす音」

⑶　ありふれた氏又は名称のみからなる商標（商標法3条1項4号）

　具体的には，以下のような名称などが該当するとされています。

(ⅰ)　ありふれた氏

　「50音別電話帳」等において同種のものが多く存在している場合に該当します。また，平仮名，カタカナやローマ字に変換したものも含まれます。

〈具体例〉
- 「山本」「サトウ」「FUJITA」

(ii)　ありふれた名称

　ありふれた氏，業種名，著名な地理的名称等に以下の表示を結合してなるような場合に該当します。

〈結合されても「ありふれた名称」とされる例〉
- 商店，商会，屋，家，社，堂，舎，洋行
- 化学工業，製薬工業，商事，食品工業，製菓
- 協会，研究所，製作所，会，研究会
- 合名会社，合資会社，有限会社，株式会社
- K. K., Co. Co., Ltd., Ltd.

　ただし，地名，業種名を結合した商標の場合で，他に同一のものがないような場合は，登録が認められます。

〈ありふれた名称とされない例〉
- 「日本タイプライター株式会社」
- 「日本生命相互会社」

⑷　極めて簡単で，かつ，ありふれた標章のみからなる商標（商標法3条1項5号）

　具体的には，以下のような商標が該当するとされています。

(i)　ローマ字

　以下のローマ字表記については，極めて簡単で，かつ，ありふれたものとされています。

〈具体例〉
- ローマ字2文字（ex：「AB」「XY」）
- ローマ字の1字に振り仮名を付けたもの（ex：「A（エー）」）
- ローマ字1字の音を仮名文字で表示したもの（ex：「エー」）

- ローマ字の2字を「–」で連結したもの（ex：「A-B」）
- ローマ字1字又は2字に「Co.」「Ltd」「K. K.」を連結したもの
  （ex：「XYCo.」）

また，以下のような表記の場合は，本号に該当しないとされています。

〈該当しない例〉
- ローマ字2字の音を仮名文字で表示（ex：「エービー」）
- 記号・図形となる場合（ex：「JR」）
- モノグラムで表示したもの（ex：「$」）
- &で連結したもの（ex：「A&B」）

(ii)　数　字

　　数字は原則的に極めて簡単で，かつ，ありふれたものとされ原則として拒絶されます。

〈具体例〉
- 数字そのもの（ex：「123」「9999」）
- 1桁又は2桁の数字を仮名文字で表示（ex：「ワンツー」「じゅうに」）
- 1桁又は2桁の数字と仮名文字を併記した場合（ex：「${}^{ワンツー}12$」）
- 3桁以上の数字を仮名文字で表示（ex：「ヒャクニジュウサン」）

　　ただし，3桁以上よりなる数字から生ずる音を以下のように仮名文字で表記した場合，本号に該当しないものとしています。

〈該当しない例〉
- 3桁以上の数字を1桁ごとに仮名文字で表示　（ex：「ワン　ツー　スリー」）

(iii)　その他図形など

　　仮名文字1字（変形仮名文字も含む），1本の直線，波線，×，△，☆，◇

などの簡単な図形，月桂樹や盾の図形，球，直方体，円柱などの簡単な立体的形状などが該当します。

ⅳ　音について

　単音や極めて短い音については，本号に該当して原則として登録を受けることができません。

(5)　その他の識別力を欠く商標（商標法３条１項６号）

　これまで紹介した商標の規定には含まれないものの，特定のものを示す識別標識としては機能し得ないような名称・標識などは登録を認めるべきでないため，そのような商標は本号により拒絶されます。

　具体的な例として，以下の場合の他，前述の１号から５号の理由を組み合わせたような商標も本号により拒絶されるとされています。

〈具体例〉
- 元号の「令和」
- 地模様
- キャッチフレーズ
- 商品の数量を示す表示（ex：「Net」「Gross」）
- その他
　（ex：「アルコール飲料を主とする飲食物の提供」で，「愛」「蘭」「純」「ゆき」などの名称）
- 自然音を認識させる音
- 需要者にクラシック音楽，歌謡曲，オリジナル曲等の楽曲としてのみ認識される音

---

(6)　使用により識別力を有した商標

　これまで，他の商標との識別性のない例を列挙してきましたが，上記に挙げるものでも，例えば，自動車で「HONDA」といえば，本田技研工業の商標であることを誰でも認識しますし，香水で「NO.5」といえばシャネルの商品で

あることを誰でも認識します。このように，使用によって識別標識としての機能を生じたものについては，例外的に登録を認められます（商標法3条2項）。

　しかし，もともと識別性がないものに独占権を付与するため，登録を受けるための要件は非常に厳しく，識別標識として認知されていることを示す具体的な証拠を提出して立証する必要があります。

　また，出願した商標と識別性が生じている商標（使用している商標）とが同一であることを要求しており，例えば，出願商標が平仮名の楷書で出願した場合，証拠として提出した商標の表示が「ローマ字」でも「カタカナ」，「漢字」でも認められず，平仮名であっても「草書体」の態様で使用している場合は，適用を受けることはできず，その出願は拒絶されてしまいます。

4　不登録事由に該当しないこと

　商標法4条は，大きく分けると，国家や事業団体等の尊厳を保護する「公益的理由」より登録を認めないとする規定と，著名商標・周知商標の保護や他人の登録商標等と類似する商標の登録を認めないとする「私益的理由」より登録を認めないとする規定に分けることができます。

　この4条に規定されているいずれかの規定に該当したとしても，登録を認められないとして拒絶されます。そのため，出願の際にはこれらの商標に該当しないよう「商標」及び「商品又は役務」を検討する必要があります。

(1)　公益的理由に基づく登録を受けることができない商標

(i)　国旗，菊花紋章，勲章等と同一又は類似の商標（商標法4条1項1号）

　このような商標に独占権を認めると国の尊厳が害されるとの理由により，登録が認められておりません。

　なお，これらの標章及び名称を商標の一部に顕著に有する場合も本号に該当するとしています。

■図1-37■具体例

(ii)　国の紋章，記章など（商標法4条1項2号・3号・5号）

具体的には次の標章が該当します。

---

① 　パリ条約，WTO の加盟国，商標法条約の締約国の紋章
② 　国際機関等を表示する標章
③ 　政府又は地方公共団体の監督用の印章等

　これらの紋章や記章は「経済産業大臣が指定する標章」に限られ，全て官報に記載されます。
　また，これらの標章は特許情報プラットフォーム（J-PlatPat）の「不登録標章検索」において検索をすることもできます。

(iii)　赤十字の標章又は名称など（商標法4条1項4号）

　赤十字の標章や名称は，「赤十字の標章及び名称等の使用の制限に関する法律」に基づき，以下の標章及び名称についての登録を認めないとしています。

■図1-38■具体例

① 以下の標章が該当します。

（白地に赤十字） （白地に赤新月） （白地に赤のライオン及び太陽）

② 以下の名称が該当します。
・赤十字
・ジュネーブ十字
・赤新月
・赤のライオン及び太陽

③ その他以下の標章も本規定に該当します。

（オレンジ色地に青色の正三角形）

　なお，これらの標章及び名称を商標の一部に顕著に有する場合も本号に該当するとしています。

(ⅳ)　公共団体等を示す著名な標章（商標法4条1項6号）

　これらの名称・標章も各事業団体の権威を尊重するためのものであり，例えば，次の団体等の名称又は標章が該当する他，国等が進める施策の名称も該当します。

〈具体例〉
- 都道府県，市町村
- 都営地下鉄，市営地下鉄，都電，都バス，市バス
- 水道事業，大学（著名な大学の略称も含まれる）
- 宗教団体，オリンピック，ボーイスカウト
- YMCA，NHK，IOC，JOC，JETRO

(ⅴ)　公序良俗を害する商標（商標法4条1項7号）

　例えば，次のような商標が該当します。

---

① 　商標の構成自体が，矯激，卑猥，差別的若しくは他人に不快な印象を与えるような文字，図形
　　具体例：「bitch」等，過激なスローガンからなるもの
② 　社会公共の利益に反し，また社会の一般的道徳観念に反するようなもの
　　具体例：「特許管理士」「健康省」等，国家資格・国家機関等と誤認を生ずるおそれのあるもの
③ 　他の法律によって，その使用が禁止されているもの
　　具体例：株式会社でない出願人が商標中に株式会社の文字を有するような場合等
④ 　特定の国，国民を侮辱するものや国際信義に反するもの
　　具体例：著名な死者の肖像・氏名・雅号，芸名等

(vi) 博覧会等の賞（商標法4条1項9号）

次の博覧会や品評会の賞のマークと同一又は類似のものが対象となります。また，これらの賞のマークを一部に含んでいたとしても登録は認められません。

```
① 政府，地方公共団体が開催する博覧会
② 特許庁長官が指定した博覧会
③ 外国の政府等が開催する国際的な博覧会
```

ただし，例外として以下の者は，上記①〜③のマークを商標として登録することができます。

```
① 受賞をした者が出願した場合
② 受賞をした者から営業権の譲渡を受けた者が出願した場合
```

(vii) 商品の品質又は役務の質の誤認を生ずるおそれのある商標（商標法4条1項16号）

例えば，次のような商標は，登録が認められていません。

```
① その商品がAであるのにBであるように認識させる標章の場合
② 地名などを含む商標であって，その商品がその地名以外で生産される場合
③ 商品の材料や用途を誤認させるような場合
④ 商標中に「○○大臣賞受賞」といった表記を商標中に含む場合で前述の4条1項9号に該当しない場合
⑤ 商標の付記的部分に「JIS」「特許」等の表記が付記的に含まれている場合
⑥ その名称の商品が現実には存在しなくても，品質を誤認されるおそれがある場合
```

(viii) 商品等の形状確保のために不可欠な立体的形状（商標法4条1項18号）

本規定が適用された事例はほとんどありませんが，具体的には，「ボール」や「タイヤ」等の商品の性質上丸くせざるを得ない形状のものが該当します。

⑵　私益的理由に基づく登録を受けることができない商標

⑴　他人の氏名，著名人の芸名等（商標法4条1項8号）

　他人の氏名及び名称については周知著名である必要はありませんが，芸名や雅号についてはある程度恣意的なものであるため，著名なものに限定されています。

　また，「他人の氏名」については，現存している者に限られ，外国人も含みます。また，氏名であるため，フルネームで一致していることが必要であり，法人の名称の場合も「株式会社」や「有限会社」といったところまでの一致を要します。そのため，他人の氏又は名前のみの場合や「株式会社」等の部分を除いた法人の名称等は，本号の規定は適用されず，他の登録要件を具備していれば，登録を受けることができます。なお，その他人の氏又は名前の場合，「株式会社」等を除いた法人の名称は「他人の略称」となるので，その氏などが著名であれば適用を受けることとなります。

　ここで，外国人の場合はミドルネームがありますが，このミドルネームもフルネームに含まれると解されております。また，外国の会社の場合，その国の法令において「株式会社」や「有限会社」といった名称を含まないものが正式名称とされている場合は，それを含まないものが「他人の名称」とされます。

　「著名性」については，その商品及び役務の関係を考慮して，判断されます。つまり，プロ野球選手やサッカー選手などについては，第28類の「運動用具」との関係で著名であり，有名なミュージシャンは，第9類の「録音済み磁気テープ」等との関係で著名といえ，これらの分野について出願された場合に拒絶されることとなります。

　また，本規定は商標の構成中の一部に付記的に含んでいる場合にも該当し，自分の氏名であっても同一名の他人がいる場合は本規定の適用を受けることとなります。

　なお，本規定は人格権保護の規定であるため，その他人から承諾を得た場合には適用を免れることができます。しかし，本規定は出願時と査定時，つまり出願したときから審査の最終判断の時期までの間の承諾が必要であり，出願当初は承諾を得ていたとしても，途中で承諾を撤回されたような場合は，登録を

受けることはできません。

(ii) 他人の周知商標がある場合（商標法4条1項10号）

　他人の周知商標と同一又は類似する場合は登録を認めないとしていますが，「他人の周知商標」であるため，周知商標が自己の商標である場合は出所の混同が生ずることもないので，登録することができます。また，前提として日本国内で周知となったものに限られ，外国のみで周知となっているような商標は含まれていません。

　また，いわゆる「周知」とは「**需要者の間に広く認識されている商標**」のことであり，必ずしも全国的に認識される必要はなく，また最終消費者に知られていても，分野によっては一地方のみで広く知られていても，「周知」といえます。具体的には，原材料や半加工品や部品等は専門家などの間に知られていればよく，一般に販売される被服や加工された食品は一般需要者の間において認識されていることが必要となるといえるでしょう。また，特産品のようなものは，一地方で広く知られていれば，周知といえますが，電化製品や自動車などの商品は全国的に知られていることが必要です。

　なお，本号の要件は，商標法4条1項8号の規定と同様に，出願時に既に周知になっていなければならず，出願中に周知となったような場合も含まれません。また，周知の対象となっている商品又はサービスと類似しない商品又は役務を指定した場合においても，拒絶の対象とはなりません。

(iii) 先願先登録商標がある場合（商標法4条1項11号）

　出願時に既に同一又は類似の先行商標が登録されていた場合は，登録が認められておらず，そのような商標登録出願は拒絶されることとなります。このようないわゆる早い者勝ちの制度を「**先願主義**」といい，多くの国で採用されている制度です

　しかし，審査中に先願となっている商標が何らかの理由により消滅した場合，先願商標の商標権を譲り受けた場合などは，拒絶は解消します。

　また，先願商標が指定する商品又は役務と非類似の関係にあれば，商標が同一又は類似していたとしても登録されます。

　なお，先願商標が出願中の場合は，先願の結果を待つ必要がありますが，場合によっては審査が遅延するおそれがあるため，特許庁では出願中の同一又は類似の先願商標がある場合は，先願が登録される前の未確定の状態で拒絶理由を通知するという制度を採用しています。

ⅳ　登録防護標章がある場合（商標法４条１項12号）

　防護標章登録制度により登録されている商標と同一の商標については，登録を受けることができません。ただし，登録されている防護標章と同一（商標が同一及び指定商品又は指定役務が同一）の場合に限り，本規定の対象となります。

　なお，これらのような標章と類似範囲についての出願は，後述の商標法４条１項15号を適用すると取り扱われています。

ⅴ　種苗法で登録された品種名（商標法４条１項14号）

　種苗法22条の「登録品種の種苗を業として譲渡の申出をし，又は譲渡する場合には，当該登録品種の名称を使用しなければならない」との規定に基づき，種苗法による品種登録を行った品種の名称同一又は類似の名称は登録を受けることができません。

　そのため，品種登録を行った本人であっても，登録を受けることはできません。また，種苗法による権利期間満了後は，種苗登録を受けていた品種の名称は普通名称又は商品の品質を示す名称（商標法３条１項１号・３号）に該当するとの運用がなされています。

　なお，品種の種苗又はこれに類似する商品と全く関係ない商品，例えば，登録品種名を「自動車」を指定して出願したような場合は，登録を受けることができます。

ⅵ　出所混同を生ずるおそれがある場合（商標法４条１項15号）

　他人の周知商標及び先願先登録商標と同一又は類似の商標は，登録を受けることができないことは前述したとおりですが，例えば，他人の周知・著名商標と商品等が類似していない場合や，他人の周知商標などを一部に使用した商標

の場合は，これらの規定に当てはまらないため登録されてしまいます。

　しかし，このような著名な商標の信用に「ただ乗り」（「フリーライド」といいます）使用をする行為やその商標の識別性を「希釈化」させるような使用（「ダイリューション」といいます）をするような出所の混同を生じさせる行為を防止するため，他人の商標と出所の混同を招くおそれがあるような商標は，登録を受けることができません（商標法4条1項15号）。

　具体的には，以下の場合に出所の混同が生じるとしています。

---

① 需要者がその他人の業務に係る商品等であると誤認する場合
② 著名商標の権利者と何らかの経済的な関係（例えば，関連会社，系列会社，資本関係や技術提携を行っている会社）があると誤認し，その商品の出所がその著名商標の出所と同じであると誤って認識されるような場合

　本規定に該当するかについては個別具体的に判断されますが，例えば以下の場合には，登録が認められません。

ⓐ 著名な他人の商標，商号，氏名，肖像などと同一又は類似の商標であって，これらのものが使用される商品又は役務と非類似の商品又は役務を指定して使用されている場合
　　例えば，娯楽施設の名称で著名な「常磐ハワイアンセンター」の名称を娯楽施設と非類似の関係にある商品「印刷物」を指定したような場合が該当します。
ⓑ 著名商標や商号等の構成態様を模倣して，商標としては類似していないが，容易に著名商標や商号等を連想してしまうような場合
　　例えば，「犬」が蓄音機に耳を傾けているビクターの著名商標に対し，蓄音機の前に「熊」が座っている図形商標を出願したような場合が該当します。
ⓒ 著名な商標や商号などを出願商標の一部に含んでいるため，出所の混同が生じている場合
　　例えば，被服について著名な「renoma」に対し，「arenoma」の商標を出願したような場合が該当します。
ⓓ 登録防護標章と類似範囲の商標を使用している場合
　　前述の(ⅳ)の範囲には含まれないものの，出所の混同を生ずる場合が該当します。

(ⅶ)　ぶどう酒，蒸留酒の地理的表示で原産地と異なる場合（商標法4条1項17号）

　TRIPs協定に基づいて設けられたものであり，外国のぶどう酒等の原産地の表示，その原産地をカタカナや翻訳された形式で表示されたものについては，登録を受けることができません。

　なお，これらの原産地表示等は，特許電子図書館の商標検索の欄の「不登録商標検索」において検索可能であり，ここでは「WTOが指定する原産地名称」のリストを閲覧することもできます。

(ⅷ)　著名商標を不正の目的で使用する場合（商標法4条1項19号）

　著名商標を第三者によるフリーライド（ただ乗り）やダイリューション（希釈化）から十分に保護するため，特に「不正の目的」をもって使用する次のような商標の出願については，登録を受けることができません。

> ①　外国周知商標と同一又は類似の商標が我が国で登録されていないことを奇貨として，高額で買い取らせるために先取り的に出願した場合
> ②　外国の権利者の国内参入を阻止し，若しくは代理店契約締結を強制する目的で出願した場合
> ③　著名商標と同一又は類似の商標について，出所の混同のおそれまではなくても出所表示機能を希釈化させたり，その名声等を毀損させる目的をもって出願した場合

　ここで，「不正の目的」があるかの判断は，以下の要件を満たす場合に「不正の目的」が推認されるとして取り扱われています。

> 〈「不正の目的」が推認される場合〉
> ①　1以上の外国において周知な商標又は日本国内で全国的に知られている商標と同一又は極めて類似するものであること
> ②　その周知な商標が造語よりなるものであるか，若しくは構成上顕著な特徴を有するものであること

5 使用意思を有する商品又は役務を指定すること（商標法3条1項柱書）

　商標法では，「使用により生ずる業務上の信用」を保護の目的としています。そのため，指定した商品又は役務についての使用の意思がなければなりません。つまり，商品又は役務を指定する際に，使用することができないと思われる商品や役務の指定を行った場合，若しくは使用の意思がないと思われるような指定を行った場合は，拒絶理由を通知して使用の意思があるか確認を求められます。

　具体的には，次の場合に使用の意思を求められるので円滑な審査を行うためにもこれらの商品や役務が含まれないような指定を行う必要があります。

(1)　業務を行う者が法令上制限される役務

　具体的には，専権業務にかかるサービス，例えば「税務相談，税務代理」のような特定の国家資格が必要とされるサービスについては，税理士になり得ない営利法人を出願人としたような場合は，その出願は拒絶されます。また「郵便」等の通常の業務を行う者が行えないサービスについても同様に拒絶されることになります。

(2)　出願人の業務が法令上制限されている場合

　業種的に，業務範囲が法令上制限されている業種が該当します。例えば，「銀行業」については，その業務範囲が銀行法により制限されており，その範囲を超えた役務を指定した出願については拒絶されます。

(3)　いわゆる小売等サービスを指定する場合

　次のような役務の指定を行った場合は，商標の使用又は商標の使用の意思があることに「合理的な疑義がある場合」に該当するとして使用意思の確認が求められます。

① 「衣料品，飲食料品及び生活用品に係る各種商品を一括して取り扱う小売又は卸売の業務において行われる顧客に対する便益の提供（いわゆる総合小売等役務）」を指定役務とする出願の出願人が個人（自然人）となっている場合
② 総合小売等役務を指定した出願人が自己の業務として総合小売等役務を行っているとは認められない場合
③ 類似の関係にない複数の小売等役務を指定した場合

⑷ 1区分内において22以上の類似群に渡る商品又は役務を指定した場合

　上記の場合は，1区分内での商品又は役務の指定が広範に及んでいるため，指定商品又は指定役務について商標の使用又は使用の意思があることに疑義があるとして，使用意思の確認が求められます。

　ただし，1つの商品又は役務に複数の類似群が付されている商品又は役務については，複数の類似群がカウントされるため，複数の類似群が付される包括的な商品又は役務を指定する場合は，留意が必要です。

6 商標法6条1項及び2項の規定に従った商品又は役務を指定すること

　指定商品又は指定役務は以下に定める商標法6条1項又は2項に従って商品又は役務を指定しなければならず，この規定に反した商品又は役務は拒絶されます。

〈商標法〉
第6条　商標登録出願は，商標の使用する一又は二以上の商品又は役務を指定した，商標ごとにしなければならない。
2　前項の指定は政令で定める商品及び役務の区分に従ってしなければならない。

　例えば，以下のような記載は認められません。

① 複数の区分に属する可能性のある商品又は役務名を指定する場合

- 第5類　衛生マスク及びこれらの類似品
- 第7類　機械器具（複数区分にまたがる包括表示）
- 第40類　廃棄物の処理及びその関連役務
② 「○○業」（業種名）や「○○店」（施設名）を含めた商品又は役務名を指定する場合
- 第25類　百貨店
- 第42類　総合レンタル業
③ 指定商品又は指定役務の表示が不明確である場合
- 第29類　食肉，その他本類に属する商品
- 第35類　全ての役務
④ 商品及び役務の区分に従っていない場合
- 第9類　時計（本来は第14類に該当する商品）
- 第36類　広告（本来は第35類に該当する役務）
- 第16類　雑誌，雑誌による広告の代理（「雑誌による広告の代理」は第35類に該当する役務）
⑤ 指定商品又は指定役務の表示中に登録商標が用いられている場合
- 第26類　マジックテープ（「マジックテープ」：登録第1501016号）

7　特殊な出願の出願時における注意点

　商標法には著名商標や地域ブランドの保護を目的とした制度として団体商標制度や地域団体商標制度，防護標章制度が設けられています。

　これらの制度は，その制度趣旨や目的から，出願できる者や出願できる商標等に制限があるため，これらの制度による出願を行う場合は特に次の点に注意する必要があります。

(1)　団体商標制度における注意事項

　団体商標は，出願人本人が使用することを意図した通常の商標の制度とは異なる特質を有することから，通常の出願とは異なる次の要件を満たす必要があります。

(ⅰ)　団体商標の登録を受けることができる団体

　団体商標は，その特質から出願できる者が大幅に制限されていましたが，審査基準の改定もあり，次の太線内に含まれる団体が出願人として団体商標登録を受けることができます。

■図1-39■団体商標の主体

法人格なし	法人格あり			
	財団	社団		
	財団法人	一般社団法人		営利法人
	特別の法律により設立された財団等（医療法人（財団），職業訓練法人（財団），学校法人，宗教法人等）	特別の法律により設立された社団	商工会議所，NPO法人等	株式会社，合資会社等
		特別の法律により設立された組合	事業協同組合，農業協同組合等	

(ⅱ)　出願に際して必要な書面

　団体商標による出願を行う場合は，次の点に注意する必要があります。

> ①　「商標登録願」ではなく，「団体商標登録願」と表記して出願すること
> ②　団体商標登録出願による登録を受けることができる団体であることを証明する書面を提出すること（例：「組合の設立許可証」など）

(2)　地域団体商標制度における注意事項

　地域団体商標は，もともと商標登録としては認められない商標の登録を認めるため，通常の商標とは異なる以下の要件を満たす必要があります。

(ⅰ)　地域団体商標の登録を受けることができる団体

　地域団体商標を登録できる者は制度の目的などから，①事業協同組合などの適格な団体であること，②構成員の資格を有する者の加入の自由が担保されて

いる団体であること，の2つの要件を必要としており，具体的には，次の団体が登録を受けることができます。

〈地域団体商標登録を受けることができる例〉

① 事業協同組合（中小企業等組合法）

② 農業協同組合（農業協同組合法）

③ 漁業協同組合（水産業協同組合法）

④ 森林組合（森林組合法）

⑤ 商店街振興組合（商店街振興組合法）

⑥ 酒造組合（酒税の保全及び酒類業組合等に関する法律）

⑦ 飲食店営業，喫茶店営業，食肉販売業，氷雪販売業，理容業，美容業，クリーニング業，興行場営業，旅館業，浴場業による生活衛生同業組合（生活衛生関係営業の運営の適正化に関する法律）

⑧ 商工組合（中小企業団体の組織に関する法律）

⑨ 商工会

⑩ 商工会議所

⑪ 特定非営利活動法人（NPO 法人）

　なお，団体商標と同様，主に権利者のみが使用することを想定している団体は出願人として登録を受けることができません。

(ii)　地域団体商標の登録を受けることができる商標

　地域団体商標として登録を受けるためには，例えば次のような商標の構成を有する必要があります。

---

① **対象となる商標態様**

(a) 地域名＋商品（役務）の普通名称（例：東京りんご）

(b) 地域名＋商品（役務）から慣用されている名称（例：東京焼）

(c) 地域名＋商品（役務）の普通名称又は商品（役務）の慣用商標＋産地などを表示する際に付される文字として慣用されている文字（例：本場東京織，名産東京せんべい）

② 対象とならない商標

(a) 「地域名」のみからなるもの又は「地域名」が含まれていないもの（例：東京，本場みかん）

(b) 「商品（役務）の普通名称」のみからなるもの又は「商品（役務）から慣用されている名称」のみからなるもの（例：みかん）

(c) 「商品（役務）の普通名称」又は「商品（役務）から慣用されている名称」を含まないもの（例：名産東京）

(d) ３条１項１号〜３号に規定された文字以外の文字，図形を含むもの（例：高級東京せんべい）

(e) 識別力が認められる程度に図案化された文字からなるもの

(iii) 出願に際して必要な書面

地域団体商標による出願を行う場合は，次の点に注意する必要があります。

① 「地域団体商標登録願」と表記して出願すること

② 地域団体商標登録出願による登録を受けることができる団体であることを証明する書面を提出すること

※具体的には，(a)組合等の登記事項証明書，(b)加入の自由を示した設立準拠法の写し（条文集の該当箇所のコピー又は願書への条文番号の記載）の提出が必要

③ 出願時に地域の名称を含むものであることを証明する書面を提出すること

(3) 防護標章制度における注意事項

防護標章制度は，独占的な使用を目的とした権利ではなく，他人の使用により，出所の混同が生じることを防止するための制度（64条）であるため，通常の商標権と異なる次のような要件が必要となります。

(i) 防護標章登録を受けることができる者

防護標章制度は，もとにある登録商標（原登録商標）の権利範囲を拡大する制度であることから，原登録商標の商標権者と同一の者である必要があります。

(ii)　出願に際して必要な書面

　防護標章登録による出願を行う場合は，次の点に注意する必要があります。

---

①　通常の「商標登録願」ではなく「防護標章登録願」と表記して出願すること
②　「防護標章登録出願に係る登録商標」の登録番号（原登録商標の登録番号）
　　が願書に記載されていること
③　原登録商標と「標章」が同一であること

8　出願に際して注意すべき点

　商標が決まり，商標調査の結果を受けた後，担当者はこれらの結果を踏まえ，この商標登録出願をすべきかの検討を行う必要があります。その上で，そもそも出願をすべきであるのか，出願をする場合にはどのような出願を行うことが最も効果的であるのか等を検討し，併せて手続に必要な予算やその商標の重要性を踏まえて，そのブランドの保護戦略の道筋を示した提案を事業部や上司などに提案しなければなりません。そのような検討を十分に行い，「準備9割」の心持ちで出願を行うことが好ましいといえます。

(1)　出願の要否の検討

　商標調査の結果を踏まえて出願すべきか否かの検討を行う場合は，原則として，「登録可能性が高い」のであれば，出願すべきとの提案を行い，「登録可能性が低い」のであれば，出願を見合わせ別のネーミング案を検討すべきとの提案を行うことが好ましいといえます。つまり，無理な出願は避けるべきです。これは次のような理由によります。

　すなわち，商標登録出願の審査では，通常，その出願に拒絶理由がある場合，6～12ヵ月程度で最初の通知がきますが，商標にかかわる事業の実施は，主に出願の前後に開始されるのが一般的といえます。つまり，事業がある程度進んだ後に特許庁より拒絶理由通知が届くため，拒絶理由により反論が困難な状況であることが判明した場合，そのネーミングを周知させるために行ってきた広

告宣伝活動が無駄になる上，ネーミングの変更を余儀なくされた場合，結果としてその事業に大きな支障が生ずることも十分考えられます。そのため，商標調査の判断については，なるべく安全サイドで検討すべきであるといえます。

　しかし，商標調査は，一般に「**先願性**」と「**識別性**」の2つの面から調査が行われ，それぞれについて登録可能性の判断がなされます。この2つの結果によって，その対応も異なるため，その2つの結果を十分考慮して検討を行う必要があります。

(ⅰ)　同一又は類似の先行商標があると判断した場合

　審査において出願した商標が，先願先登録商標と同一又は類似するとして拒絶された場合，その拒絶された商標は拒絶の根拠となった商標の商標権と類似関係にあることが事実上推認されます。つまり，その出願商標をその指定商品又は指定役務に使用した場合，拒絶の根拠となった商標の商標権を侵害している可能性が高く，その商標権者から権利行使を受けた場合商標の使用はおろか，場合によってはその使用の開始に遡って，法的責任を受けることにもなりかねません。

　従って，少しでも先願先登録商標との関係で登録可能性に懸念があるようであれば，そのリスクを考えて，ネーミングの変更を要求すべきであるといえます。

(ⅱ)　識別性がないと判断した場合

　出願をした商標が「識別性がない」として拒絶された場合は，その商標に対し，独占的な効力を及ぼすことができなくなりますが，その結果は当然，第三者にも及びます。そのため，その商標は誰もが使用できる状態となり，その商標を独占使用するには，その商標が特定の者の業務に係る商品又は役務であることを認識した場合，つまり商標法3条2項の適用を受けた場合に限られます。そうであるならば，「識別性がない」として拒絶されたということは，使用については問題がないとのある種の証明がなされたことになります。そのため，第三者の使用に対して文句が言えない代わりに自らの使用によっても第三者から警告などを受けることもなくなります。

　なお，「識別性がない」との判断を得た場合においても，出願を検討する
ケースがあります。例えば，「識別性があるか否かを確認するためにする出願」
があります。また，市場に新しいサービス名が展開されつつあるものの，その
名称が未だ十分浸透していない場合があります。

　もちろん，需要者の間でその名称が一般化してしまえば，「識別性がない」
として登録されることはありませんが，その名称が一般化する前にその名称を
他人に登録されてしまう場合があります。そのような場合，その名称の使用が
困難になり，事業に支障をきたす場合が考えられます。

　一方，出願を行い審査の結果として拒絶されたとしても，それは他社も登録
ができないことを確認することとなり，その名称の自由な使用が確保されるこ
ととなります。また，登録を受けることができれば，競合他社に対して有利に
事業を展開することが可能となります。

　このように，識別性がないと判断した場合においても，その登録の可能性や
そのネーミングの重要性を十分考慮して，状況によっては出願の提案を行うこ
とも必要であるといえます。

(2)　出願形式の検討

　出願予定となる商標を出願する際には，出願を行う商標の態様，一商標一出
願の原則，一商標多区分制度の内容，登録商標と指定商品又は指定役務，指定
商品又は指定役務に係る区分との関係を十分理解した上で効果的な出願の形式
を検討し，選択する必要があります。

(i)　出願を行う商標の態様について

　特許情報プラットフォームで登録商標を検索すると，様々な態様の登録商標
を見ることができます。これらは全て，「一商標一出願」制度に基づき，願書
が作成されています。

　一商標一出願制度とは，その名のとおり，1つの出願に対し，1つの商標を
指定して出願する制度であり，複数の商標を1つの出願に含めることはできま
せん。しかし，2以上の図形や文字を組み合わせて出願することは可能ですの
で，複数のデザインを一度に出願することもできます。しかし，そのようにし

て出願された商標は全体で1つの商標になり，別々には権利行使をすることが
できませんので，注意が必要となります。

(a)　文字商標を出願する場合の注意事項

　　文字商標を出願する場合，例えば，英文字の商標を出願する場合に，その
英文字の称呼をつけた2段併記の態様で出願すべきかという点を検討する場
合があります。このような場合，英文字とその称呼を別々に使用するのであ
れば，別々に出願することがベターであると思われます。

　　しかし，特殊な読み方をする商標については意図した称呼とは異なる称呼
で審査されることもあるため，特殊な称呼が生じるような場合は同一称呼の
後願を確実に排除するため，2段併記で出願することも検討する必要がある
と思われます。

(b)　図形商標（ロゴマーク）を出願する場合の注意事項

　　商標見本による出願は，白黒及びカラーのいずれでも出願できるため使用
しているロゴマークがカラーの場合であっても白黒で出願することができま
す。ここで，登録商標と色彩のみを異にする商標は原則として類似とされる
ため，使用に際してカラーバリエーションをもたせたロゴマークとする場合
は，白黒で出願することにメリットがあります。

　　しかし，権利は類似の範囲まで効力が及びますが，色彩が違う商標は全て
類似とされているわけではない（例外もありうる）ので，その点を踏まえて
検討すべきではないかと思われます。

　　また，識別性がない名称と図形を組み合わせて出願する場合があります。
このような場合，その要部は図形部分と判断され，その名称について権利主
張をしてもその主張が認められない場合が多く見られます。

　　しかし，商標の称呼としては，その名称が生じ得ますので，第三者へのけ
ん制や第三者にその名称を出願させないようにするという点では意味があり
ますが，その名称を確実に独占したいと考えているのであれば，図形を組み
合わせずにその名称のみで出願すべきです。

(ii)　出願を行う指定商品又は指定役務について

　　出願を行う商品・役務については，前述したように「区分」と「商品又は役

務」を指定して出願する必要があります。

　ここで，複数の区分に係る商品・役務を指定して出願する場合，複数区分を1つの出願として出願する出願形式（**一出願多区分制度**）と，1区分ごとに1つの出願とする出願形式があります。この2つの出願形式は次の出願費用や審査のスピードなどの点で異なりますので，これらの違いを理解した上でいずれの出願形式を採用するか検討する必要があります。

　⒜　出願費用

　　出願の印紙代は一出願一区分で出願した場合と一出願多区分での場合は，印紙代が異なります。また，弁理士等の専門家に依頼した場合においても，2区分目以降の費用が双方の形式において異なっており，一出願多区分の方が割安となります。

　⒝　審査のスピード

　　審査実務においては，複数区分を指定して出願した場合においても，1人の審査官で審査します。そのため，多くの区分を指定した場合でも，特定の分野の審査官が1人で審査を行います。その結果，審査官は担当分野とは異なる分野の審査をすることとなり，慣れない分野の審査も担当することとなるため，審査も遅れがちとなります。

　　それに対し，区分ごとに出願した場合は，そのような弊害もなく適切かつ迅速な判断が期待できます。また，拒絶理由は出願全体に対して通知されるため，ある特定の分野にのみ拒絶理由がある場合，その理由が解消しない限り登録にはなりませんが，区分ごとに複数の出願を行った場合，問題がない区分についてはそのまま登録となるため，登録という事実を迅速に得ることができます。

　⒞　商標の管理のしやすさ

　　一出願多区分で出願した場合，登録番号は1つで済むため，各区分ごとに出願を行うことより商標の件数を少なくすることができます。これに対し区分ごとに出願した場合には，それぞれの出願に対し登録番号が付され，また審査の経過により，登録日が異なることとなります。

　　そうした場合，期限管理すべき商標が増えてしまうため，登録後の期限管理も困難なものとなります。その反面，一出願多区分制度の場合，更新費用

も一括してかかるため，多くの区分を指定している場合は更新申請時にかかる経済的負担が大きくなります。

(iii)　出願人について

商標は，選択物であるため，特許法などとは異なり出願の願書に創作者や発明者を記載することを要求していません。そのため，発明者から法人への譲渡などの手続を必要とせず，法人がそのまま出願人になり得ます。しかし，他の規定との関係上，出願人については以下の点に注意が必要です。

(a)　出願人となり得ない者

出願人には，権利能力を有する自然人又は法人に限られるため，同好会等の法人格のない団体は出願人にはなり得ません。また，○○商店等のような個人事業者についてもその商店名で出願することはできません。これらのものが出願する場合には，代表者名義（個人名）で出願する必要があります。

また，出願人が複数いる場合は出願人全員を記載して出願する必要があります。

(b)　系列企業などの場合

他人の商標と同一又は類似の商標については登録を受けることができない（商標法4条1項11号）ため，例えば子会社の商標を出願する場合，親会社の所有商標と抵触する場合があります。

この場合，両会社に密接な関係があったとしても，商標法4条1項11号の通知がなされます。つまり商標法4条1項11号は法人名の相違がある場合はもちろんのこと，同一名称の会社であっても，住所が異なれば商標法4条1項11号にいう，「他人の」という要件に該当するため，そのままでは拒絶されます。

なお，その先行権利者の商標権の一部譲渡を受け，共有になったとしても，商標法4条1項11号の「他人の」という要件は解消されないため，注意が必要となります。

この場合，両社間に支配関係があり，先行権利者からの承諾を得ていることなどを証明することで解消されますが，これらの要件を満たさない場合は，登録を受ける出願人が系列会社の場合は親会社に出願・登録を依頼し，登録

後，権利の譲渡を受ける等の手続をとることが必要となります。

(c)　不使用取消審判

　中小企業やベンチャー企業は，法人が消滅したときのリスクを考慮して，代表取締役（個人）が商標権者となる場合があります。しかし，実際に商標の使用をするのは，代表者ではなく，会社名義で取引を行うのが普通です。そのため，商標権者たる出願人が商標の使用をしていないと認定される可能性があり，その商標権が，不使用取消審判により取り消されることも考えられます。

　この場合，不使用取消審判は，商標権者，使用権者のいずれかが商標の使用をしていれば取り消されることはないため，実際に使用を行う法人に対し，使用許諾を行うなどの対策を講じておく必要があります。

　出願時に行わなければならない手続ではありませんが，不使用取消審判は，商標法4条1項11号を回避するために普通に行われる手続であるため，早めの手続を行っておくとよいでしょう。

第2章

商標登録出願から
登録までの手続

I

商標登録出願

1 出願書類の作成

　商標登録出願を行うには，特許庁に出願書類（願書）を提出する必要があります。

　116頁に願書の作成例を示し（図2-1），以下，作成要領を説明します。

(1) 【書類名】商標登録願

　書類名は，願書の正式名称である「商標登録願」と記載します。

(2) 【整理番号】

　必須ではありませんが，出願人自身の整理のために，整理番号を記載することができます。整理番号の欄には，ローマ字（大文字に限ります），アラビア数字又は「−」（ハイフン）の組み合わせで10字以下のものを記載することができます。

(3) 【提出日】

　提出日の記載も必須ではありませんが，特許庁の窓口に直接提出する場合及びオンラインで提出する場合は，なるべく提出する日を記載するようにしましょう。郵送で提出する場合は，郵便局に差し出す日を記載します。消印が不明な場合は，特許庁に到達した年月日が出願日となるので，書留等で郵送することが望ましいです。

(4)　【商標登録を受けようとする商標】

　出願人が商標登録を受けようとする商標を記載します。【商標登録を受けようとする商標】の欄を記載する際の注意点は，以下のとおりです。

---

①　１つの願書に記載できるのは，１つの商標のみです。

②　商標登録を受けようとする商標は，商標記載欄（図２−１でSIPTOのロゴが記載されている箇所）に記載します。願書の１頁目に必要な商標記載欄を設けることができないときは，【商標登録を受けようとする商標】の欄に「別紙のとおり」と記載し，次頁に【商標登録を受けようとする商標】の欄を設け，その欄の次に商標記載欄を設けて記載します。

③　商標記載欄の大きさは，８㎝×８㎝です（特に必要があるときは，15㎝×15㎝も可）。

④　商標登録を受けようとする商標を願書に直接記載する場合は，枠線により商標記載欄を設けて記載します。

⑤　商標登録を受けようとする商標を記載した書面を願書に貼り付けて記載する場合は，③の商標記載欄の大きさの用紙を用い，その用紙を商標記載欄とします。この場合，商標記載欄を表す枠線を記載してはいけません。貼り付ける際は，願書の記載事項が隠れないよう，また，容易に離脱しないよう用紙の全面を貼り付けましょう。

⑥　商標登録を受けようとする商標は，印刷又は複写等により，鮮明で容易に消すことができないように記載します。また，鉛筆，インキ，クレヨンを使用することはできず，描く場合は，容易に変色，退色しない絵の具ではく離しないように鮮明に描かなければいけません。

⑦　商標登録を受けようとする商標は，立体商標又は色の商標の場合を除き，写真等を貼り合わせたものによって記載してはいけません。

■図2-1 ■商標登録願の記載例

```
┌─────────────────────────────────────────────────────────┐
│  ┌──────────┐                                            │
│  │ 特　許   │                                            │
│  │ 印　紙   │                                            │
│  └──────────┘                                            │
│  （12,000円）                                            │
│                                                          │
│  【書類名】      商標登録願                               │
│  【整理番号】    SH4－×××                               │
│  【提出日】      令和4年○月○日                          │
│  【あて先】      特許庁長官殿                             │
│  【商標登録を受けようとする商標】                         │
```

```
│  【指定商品又は指定役務並びに商品及び役務の区分】         │
│      【第45類】                                          │
│      【指定商品（指定役務）】　工業所有権に関する手続の代理又は鑑定その他の│
│                    事務，著作権の利用に関する契約の代理又は媒介，法律│
│                    に関する情報の提供                    │
│  【商標登録出願人】                                       │
│      【識別番号】      ××××××××××                 │
│      【住所又は居所】  東京都千代田区○○○○×－×－×   │
│      【氏名又は名称】  正林　真之                         │
└─────────────────────────────────────────────────────────┘
```

《標準文字のみによって商標登録を受けようとする商標の場合》

　特許庁長官の指定する文字を，黒色で且つ大きさ・書体が同一の活字等（大きさは10ポイント以上）を用いて，1行で30文字以内に横書きに記載します。

　また，【商標登録を受けようとする商標】の欄の次に【標準文字】と記載します。

（例）【商標登録を受けようとする商標】
　　　正林国際特許商標事務所
【標準文字】

　なお，商標登録出願後，標準文字である旨の記載を追加する補正又は削除する補正は，原則として要旨の変更となり，補正は却下されます。ただし，願書に記載した商標が標準文字に置き換えて現されたものと同一と認められる場合に，標準文字である旨の記載を追加する補正は，要旨の変更にはなりません。

《立体商標として商標登録を受けようとする場合》

　商標を１又は異なる２以上の方向から表示した図又は写真により，記載しなければいけません。立体商標を写真によって記載する場合，大きさは原則8㎝×8㎝とし，背景に他の物が入らないものであって，容易に変色，退色しないものを使用しなければいけません。
　また，【商標登録を受けようとする商標】の欄の次に【立体商標】と記載します。

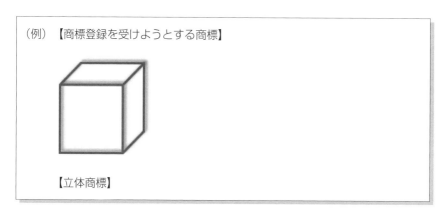

（例）【商標登録を受けようとする商標】

【立体商標】

　なお，「立体商標」である旨の記載を追加する補正又は削除する補正は，原則として，要旨の変更となり，補正は却下されます。ただし，願書に記載した商標から，立体商標以外には認識できない場合に，立体商標である旨の記載を

追加する補正，又は，願書に記載した商標から，平面商標としてしか認識でき
ない場合において，立体商標である旨の記載を削除する補正は，要旨の変更に
はなりません。

《新しい商標を出願する場合》

　出願する商標のタイプに合わせ，【商標登録を受けようとする商標】の欄の
次に，【動き商標】，【ホログラム商標】，【色彩のみからなる商標】，【音商標】
又は【位置商標】と記載し，商標登録を受けようとする商標を特定するために，
【商標の詳細な説明】を記載します（音商標の場合は任意です）。

(i)　動き商標について商標登録を受けようとするとき

　1又は異なる2以上の図又は写真によって，時間の経過に伴う商標の変化の
状態が特定されるよう記載します。

（例）【商標登録を受けようとする商標】（巻末付録参照）

【動き商標】
【商標の詳細な説明】
　　商標登録を受けようとする商標（以下「商標」という。）は，動き商標
　である。
　　鳥が，図1から図5にかけて翼を羽ばたかせながら，徐々に右上に移
　動する様子を表している。この動き商標は，全体として3秒間である。
　　なお，各図の右下隅に表示されている番号は，図の順番を表したもの
　であり，商標を構成する要素ではない。

(ii)　ホログラム商標について商標登録を受けようとするとき

　1又は異なる2以上の図又は写真によって，ホログラフィーその他の方法に

よる変化の前後の状態が特定されるよう記載します。

（例）【商標登録を受けようとする商標】（巻末付録参照）

  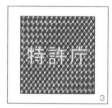

【ホログラム商標】
【商標の詳細な説明】
　　商標登録を受けようとする商標（以下「商標」という。）は，見る角度により別の表示面が見えるホログラム商標である。
　　左側から見た場合には，図1に示すとおり，正面から見た場合には，図2に示すとおり，右側から見た場合には，図3に示すとおりである。
　　なお，商標の右下隅に表示されている番号は，図の順番を表したものであり，商標を構成する要素ではない。

(iii)　色彩のみからなる商標について商標登録を受けようとするとき

　商標登録を受けようとする色彩がなるべく全体にわたり表示された図又は写真によって記載します。又は，1又は異なる2以上の図又は写真によって，色彩登録を受けようとする色彩を当該色彩のみで描き，その他の部分を破線で描く等により，当該色彩及びそれを付する位置が特定されるよう記載します。

（例1）　単色
　　【商標登録を受けようとする商標】（巻末付録参照）

　　【色彩のみからなる商標】
　　【商標の詳細な説明】
　　　商標登録を受けようとする商標は，色彩のみからなる商標であり，赤色（RGB の組合せ：R255，G0，B0）のみからなるものである。

（例2）　色彩の組合せ
　　【商標登録を受けようとする商標】（巻末付録参照）

　　【色彩のみからなる商標】
　　【商標の詳細な説明】
　　　商標登録を受けようとする商標（以下「商標」という。）は，色彩の組合せからなる色彩のみからなる商標である。色彩の組合せとしては，赤色（RGB の組合せ：R255，G0，B0），青色（RGB の組合せ：R0，G0，B255)，黄色（RGB の組合せ：R255，G255，B0），緑色（RGB の組合せ：R0，G128，B0）であり，配色は，上から順に，赤色が商標の50パーセント，同じく青色25パーセント，黄色15パーセント，緑色10パーセントとなっている。

⒤　音商標について商標登録を受けようとするとき

　文字若しくは五線譜又はこれらの組み合わせを用いて，商標登録を受けよう
とする音を特定するために必要な事項を記載します（必要な場合には，五線譜
に加えて一線譜を用いて記載することができます）。

　また，願書の最後に【提出物件の目録】の欄を設け，音商標の音を MP 3 形
式で記録した CD-R 又は DVD-R を添付します。

（例 1 ）　五線譜により記載する場合
　　　【商標登録を受けようとする商標】

　　　【音商標】

（例 2 ）　文字により記載する場合
　　　【商標登録を受けようとする商標】

本商標は，「パンパン」と 2
回手をたたく音が聞こえた
後に，「ニャオ」という猫の
鳴き声が聞こえる構成と
なっており，全体で 3 秒間
の長さである。

　　　【音商標】

〈【提出物件の目録】欄の記載例〉

【提出物件の目録】
【物件名】　　　　　商標法第5条第4項の物件　　　1

(ⅴ)　位置商標について商標登録を受けようとするとき

　1又は異なる2以上の図又は写真によって，商標登録を受けようとする商標に係る標章（（例）の★部分）を実線で描き，その他の部分を破線で描く等により，標章及びそれを付する位置が特定されるように記載します。そして，実線，破線の記載により，どのように標章及びそれを付する位置が特定されるのかを【商標の詳細な説明】の欄に記載します。

（例）【商標登録を受けようとする商標】

【位置商標】
【商標の詳細な説明】
　　商標登録を受けようとする商標（以下「商標」という。）は，標章を付する位置が特定された位置商標であり，包丁の柄の側面中央部分に付された星型の図形からなる。
　　なお，破線は，商品の形状の一例を示したものであり，商標を構成する要素ではない。

⑸　【指定商品又は指定役務並びに商品及び役務の区分】

　出願商標を使用する１又は２以上の商品（役務）と，その商品（役務）が属する区分（類）を記載します。

　商品及び役務は，45の類に区分されています。各類に属する具体的な商品及び役務の表示例は，「類似商品・役務審査基準」に記載されています。指定したい商品・役務が，「類似商品・役務審査基準」に記載されていない場合は，特許情報プラットフォーム（J-PlatPat）中の「商品・役務名検索」を活用しましょう。「商品・役務名検索」では，商品・役務名に関連するキーワードを用いて，過去に審査で採用された商品・役務名等を検索することができます。また，特許庁の「商標課　商標国際分類室」では，指定商品・役務に関する問い合わせを電話でも受け付けています。

- ●類似商品・役務審査基準
  https://www.jpo.go.jp/system/laws/rule/guideline/trademark/ruiji_kijun/index.html
- ●商品・役務名検索
  https://www.j-platpat.inpit.go.jp/t1201
- ●特許庁　商標課　商標国際分類室
  電話03-3581-1101　内線2836番

　１つの願書で複数の区分の商品（役務）を指定する場合は，区分の番号順に，商品（役務）の区分及びその区分に属する指定商品（指定役務）を繰り返して記載します。

【指定商品又は指定役務並びに商品及び役務の区分】
　　【第3類】
　　【指定商品（指定役務）】せっけん類，化粧品
　　【第5類】
　　【指定商品（指定役務）】サプリメント

　2以上の商品（役務）を指定する場合は，商品（役務）を区切る記号として，「，」（カンマ）を使用します。「、」（読点），「・」（中黒）を使用してはいけません。反対に，ひとつの商品（役務）を表示する際には，その表示中に「，」（カンマ）を使用してはいけません。

〈適切な例〉

【指定商品又は指定役務並びに商品及び役務の区分】
　　【第3類】
　　【指定商品（指定役務）】つや出し剤，せっけん類，化粧品
　　【第35類】
　　【指定商品（指定役務）】菓子・パンの小売又は卸売の業務において行われる顧
　　　　　　　　　　　　　　客に対する便益の提供

〈不適切な例〉

【指定商品又は指定役務並びに商品及び役務の区分】
　　【第3類】
　　【指定商品（指定役務）】つや出し剤、せっけん類、化粧品
　　【第35類】
　　【指定商品（指定役務）】菓子、パンの小売又は卸売の業務において行われる顧
　　　　　　　　　　　　　　客に対する便益の提供

　なお，以下の①～⑧の役務については，業務を行うために法令に定める国家資格等を有することが義務づけられているため，国家資格を有する者の名簿や

出願人の名称等から，出願人が（1）個人として当該国家資格等を有していること又は（2）指定役務に係る業務を行い得る法人であることのいずれかに該当する必要があります。

　出願人による提出書類の記載及び職権調査の結果を踏まえても，出願人が（1）又は（2）のいずれかに該当すると確認できない場合は，出願人が当該役務について商標を使用できない蓋然性が高いものとして，商標法3条1項柱書の要件を具備しない旨の拒絶理由が通知されます（155頁の「商標法3条1項柱書」（その2）を参照のこと）。

---

①第45類「訴訟事件その他の法律事務」
　(1)　弁護士
　(2)　弁護士法人

②第45類「登記又は供託に関する手続の代理」
　(1)　司法書士
　(2)　司法書士法人

③第45類「工業所有権に関する手続の代理」弁理士又は特許業務法人
　(1)　弁理士
　(2)　弁理士法人

④第35類「財務書類の監査又は証明」
　(1)　公認会計士
　(2)　監査法人

⑤第35類「税務相談」及び「税務代理」
　(1)　税理士
　(2)　税理士法人

⑥第44類「医業」
　(1)　医師
　(2)　医療法人

⑦第44類「歯科医業」
　(1)　歯科医師
　(2)　医療法人

⑧ 第44類「調剤」
　(1)　薬剤師，医師，歯科医師
　(2)　薬局の開設の許可を受けた法人

(6)　【商標登録出願人】

　権利者になる者の「識別番号」「住所又は居所」及び「氏名又は名称」を記載します。出願人が複数いる場合は，出願人全員を記載します。

　出願人は，権利能力を有する者でなければならないので，法人格のない団体（○○同好会など）は出願人になれません。また，個人事業者は，屋号（○○商店など）をもって出願せずに個人名義で出願することになります。

(7)　【識別番号】

　以前に出願を行ったことがあり，識別番号の通知を受けている場合には，その番号を記載します。通知を受けていない場合には，【識別番号】の欄を設ける必要はありません。

　出願を行うと，特許庁において申請人の住所，氏名，印鑑等の情報が申請人ファイルに記録され，「識別番号」が付与されます。その後，特許庁から「識別番号通知」のハガキが郵送されてきます。以後の手続を行う際には，識別番号が申請人の確認情報となるため，提出書類に【識別番号】の欄を設けて番号を記載します。

(8)　【住所又は居所】

　住民票など（法人の場合は商標登記簿上の住所）のとおりに，○県○市（○郡）○町（○村大字○字○）○丁目○番○号のように記載します。

　なお，識別番号を記載した場合には，【住所又は居所】の記載を省略することができます。

⑼ 【氏名又は名称】

　個人の場合は，戸籍上の氏名（本名）を正確に記載します。

　なお，令和3年10月1日より旧氏の併記（括弧書きで記載）が可能となりました。併記例は以下のとおりです。

【商標登録出願人】
　【住所又は居所】　東京都千代田区○○×－×－×
　【氏名又は名称】　商標（山田）太郎

　法人の場合は，名称を記載し，【氏名又は名称】の欄の次に【代表者】の欄を設けて，法人の代表者の氏名を記載します。

　代理人により手続をする場合には，代理人の記載が別途必要となります。

⑽ 【提出物件の目録】

　出願時に提出すべき物件がある場合（例えば，指定商品（役務）の説明書，商品カタログ等）には，【提出物件の目録】の欄を設け，その次に【物件名】の欄を設けて，その物件名を記載します。

（例）【提出物件の目録】
　　　【物件名】　　指定商品の説明書　　　　　1

⑾ 出願手数料の納付

(ⅰ) 納付金額

　商標登録出願を行うためには，特許庁に出願手数料を納付する必要があります。

〈納付金額〉
　1区分の場合　　　：　12,000円

　2区分以上の場合　：　3,400円＋（8,600円×区分数）

　なお，書面による出願の場合には，別途電子化手数料として，1件あたり1,200円＋（700円×書面の枚数）を請求されます。

(ii)　納付方法

　手数料の納付方法には，①クレジットカードによる納付，②口座振替による納付，③電子現金納付（Pay-easy（ペイジー）により手数料を払い込み，手続ごとに納付番号を取得する方法），④現金納付書による納付（特許庁専用の「納付書」により金融機関で手数料を振り込み，手続ごとに納付書番号を取得する方法），⑤予納による納付（銀行振込により，あらかじめ予納台帳に入金し，手続ごとに必要な手数料を予納台帳から引き落とす方法）があります。

　また，郵送による出願の場合は，願書に特許印紙（郵便局で購入できます。収入印紙と間違えないようにしましょう）を貼付することにより，手数料を納付することができます。

　クレジットカードによる納付，口座振替による納付，予納による納付の場合の【手数料の表示】の記載例は，以下のとおりです（【手数料の表示】は，【商標登録出願人】の項目の後に記載します）。

〈クレジットカードによる納付〉

```
【手数料の表示】
　【指定立替納付】
　【納付金額】　　　　12000
```

〈口座振替による納付〉

```
【手数料の表示】
　【振替番号】　　　　12345678
```

【納付金額】	12000

〈予納による納付〉

【手数料の表示】	
【予納台帳番号】	123456
【納付金額】	12000

2 出願方法

　出願書類を作成したら，再度全ての項目を見直し，誤記や記載漏れがないかをチェックします。提出後に誤記を発見した場合でも補正することはできますが，手続上余計な手数料がかかります。

　特許庁への提出方法には，特許庁の窓口での手続の他，郵送による方法及びインターネット出願ソフトによる方法があります。

(1) 郵送による出願

　出願書類を封筒に入れ，封筒に朱書きで 出願関係書類在中 と表示し，下記の宛先に郵送します。簡易書留又は書留で送付することをお勧めします。

> • 宛先：〒100-8915　東京都千代田区霞が関三丁目4番3号
> 　　　　　　特許庁長官　宛

　郵送の場合，郵便物又は信書便物の通信日付印（消印）により表示された日時が明瞭であるときは，その日時に特許庁に提出したものとみなされます。

　また，郵便局に差し出した日時を郵便物の受領証により証明したときも，その日時に特許庁に提出したものとみなされますので，後にどちらが先願（商標法8条）かが問題になった場合に備え，郵便物の受領証を保管しておくのがよいでしょう。

　なお，ゆうパック，レターパック，宅配便等は「郵便物」ではないため，特許庁に到達した日が書類の提出日となりますので注意してください。

⑵　インターネット出願ソフトによる出願

　インターネット出願ソフトを利用すれば，オンラインによる出願手続（電子出願）を行うことができます。

　電子出願であれば，電子化手数料が発生しませんので，今後商標登録出願を含めて多数の出願が見込まれる場合には，インターネット出願ソフト（https://www.jpo.go.jp/system/process/shutugan/pcinfo/index.html）を利用するのが経済的です。

II

商標審査での手続

1　出願後の手続

　特許庁は，出願書類を受領すると，出願番号を発行して出願人に通知します。

　その後，出願書類の書式のチェック（方式審査）を行い，不備がある場合には，出願人に対し所定の期間（概ね30日）を指定して，補正をするよう通知します。

　この場合の通知としては，「補完命令」と「補正命令」とがあります。

(1)　補完命令

　「補完命令」は，いわゆる致命的な方式不備がある場合（以下の４つの場合）に通知されます（商標法5条の2）。

> ①　商標登録を受けようとする旨の表示が明確でないと認められるとき
> ②　商標登録出願人の氏名若しくは名称の記載がなく，又はその記載が商標登録出願を特定できる程度に明確でないと認められるとき
> ③　願書に商標登録を受けようとする商標の記載がないとき
> ④　指定商品又は指定役務の記載がないとき

　「補完命令」に対して手続補完書を提出して修正を行った場合には，手続補完書を提出した日に出願日が繰り下がります。

(2)　補正命令

　補正命令は，形式的な瑕疵がある場合（例えば，出願手数料が納付されていない場合）に，「手続補正指令書」により通知されます。

　「補正命令」に対して手続補正書を提出して修正を行った場合には，出願日は繰り下がりません。

　方式審査の後，登録要件についての審査（実体審査）が行われます。

　特許庁の審査は，出願された分野ごとに順番を待って審査に着手するため，出願から実体審査に着手するまで数ヵ月かかります。着手時期は，商標の出願状況や実際の審査着手状況に応じて変動しますので，特許庁ホームページの「商標審査着手状況（審査未着手案件）」（https://www.jpo.go.jp/system/trademark/shinsa/status/cyakusyu.html）で確認しましょう。

　既に出願商標に係る事業を始めている等，審査を急ぐ必要があるときは，(3)の早期審査制度を利用することができます。

(3)　早期審査制度

　出願が早期審査の要件を満たす場合には，早期審査の申請を行うことにより，優先して審査に着手してもらうことができます。

(i)　早期審査の要件

　早期審査の対象となるのは，次の(1)から(3)のいずれかにあてはまる出願となります。

(1)　出願人又はライセンシーが，出願商標を指定商品・指定役務に使用している又は使用の準備を相当程度進めていて，かつ，権利化について緊急性を要する出願

　※「緊急性を要する」とは，次のいずれかをいいます。

(a)　第三者が出願商標を無断で使用（使用準備）している

(b)　出願商標の使用（使用準備）について第三者から警告を受けている

(c)　出願商標について第三者から使用許諾を求められている

  (d)　出願商標について日本以外にも出願中である

  (e)　早期審査の申出に係る出願をマドプロ出願の基礎出願とする予定がある

(2)　出願人又はライセンシーが，出願商標を既に使用している商品・役務又は使用の準備を相当程度進めている商品・役務のみを指定している出願

(3)　出願人又はライセンシーが，出願商標を指定商品・指定役務に既に使用している又は使用の準備を相当程度進めていて，かつ，商標法施行規則別表や類似商品・役務審査基準等に掲載されている商品・役務のみを指定している出願

(ii)　早期審査の申請手続

　早期審査の申出には，「早期審査に関する事情説明書」の提出が必要です（図2-2参照）。早期審査に関する事情説明書は，出願の日以降いつでも提出することができ，手数料は不要です。

　早期審査の対象となると判断された場合，最初の審査結果（登録査定又は拒絶理由通知書）が通知されます。

　早期審査の対象とならないと判断された場合は，その理由が「早期審査の選定結果の通知」により通知されます。早期審査対象外となっても，その後に早期審査の要件を満たす状態になった場合は，再度申し出ることができます。

■図2-2■早期審査に関する事情説明書の記載例

【書類名】　早期審査に関する事情説明書
【提出日】　令和4年×月×日
　【あて先】　特許庁長官　殿
　【事件の表示】
　　【出願番号】　商願2022-××××××
　【提出者】
　　【識別番号】　×××××××××
　　【住所又は居所】　東京都千代田区○○○○×-×-×
　　【氏名又は名称】　正林　真之

【早期審査に関する事情説明】
1.　商標の使用者
　　　　出願人
2.　商標の使用に係る商品名（役務名）
　　　　工業所有権に関する手続の代理又は鑑定その他の事務
3.　商標の使用時期
　　　　令和3年4月から使用中
4.　商標の使用場所
　　　　東京都千代田区○○○○×-×-×
5.　商標の使用の事実を示す書類
　　　　出願に係る商標の使用を示す資料として，役務に関するパンフレットを添付する。
6.　手続補正書の提出の有無
　　　　令和4年×月×日に手続補正書を提出

> ※6.の項目は，手続補正書を提出していない場合は不要です。

【提出物件の目録】
　　【物件名】　商標の使用の事実を示す書類（役務に関するパンフレット）　1

(4)　ファストトラック審査

　早期審査の対象とならない場合であっても，以下の2つの要件を満たせば，自動的にファストトラック審査の対象となり，出願から約6ヵ月（審査着手状況に応じて調整されます）で最初の審査結果が通知されます。

　要件を満たせば自動的にファストトラック審査の対象となるため，申請する必要がなく，手数料も不要です。

(1)　出願時に，「類似商品・役務審査基準」，「商標法施行規則」又は「商品・サービス国際分類表（ニース分類）」に掲載の商品・役務（以下，「基準等表示」）のみを指定している商標登録出願
(2)　審査着手時までに指定商品・指定役務の補正を行っていない商標登録出願

⑸　審査着手状況について

　拒絶理由通知書等が送付されていない案件（未着手案件）の審査着手時期を知りたい場合は，特許庁ホームページの「商標審査着手状況（審査未着手案件）」(https://www.jpo.go.jp/system/trademark/shinsa/status/cyakusyu.html)を確認します。

　拒絶理由応答後の審査着手予定時期を知りたい場合は，特許庁ホームページの「拒絶理由応答後の審査着手予定時期お問合せフォーム」(https://mm-enquete-cnt.jpo.go.jp/form/pub/jpo/chakushu-yote)より問い合わせることができます。

　問い合わせは，出願人又はその代理人，情報提供者又はその代理人に限られます。

〈お問合せフォーム〉

こちらのフォームから、**拒絶理由応答後の審査着手予定時期**について問合せができます。

御注意

- 商標登録出願後、未着手案件（拒絶理由通知書等が送付されていない案件）の審査着手時期については回答することができません。未着手案件の審査着手時期を知りたい方は、「商標審査着手状況（審査未着手案件）」を御覧ください。
- 問合せにつきましては、原則として御入力いただいたメールアドレス宛に回答いたしますが、内容によりこちらから直接御連絡する場合もあります。差し支えなければ、電話番号につきましても御入力ください。

※ 記載いただいた個人情報は問合せに関して使用するものであり、それ以外の目的で使用することはありません。

拒絶理由応答後の審査着手予定時期お問合せフォーム	
■件名：[必須]	審査状況伺い
■氏名：[必須]	
■メールアドレス（半角入力） （確認のため再度入力してください。）：[必須]	
■電話番号（半角入力）：[任意]	―　―
■内容：[必須]	1．出願番号（又は国際登録番号）　【必須】 商願〇〇〇〇－〇〇〇〇〇〇 2．識別番号　【識別番号が付与されている場合】 3．住所又は居所　【識別番号を入力すれば省略可】 〒 4．出願人との関係　【必須】 （例）出願人本人、代理人、情報提供者
■添付ファイル：[任意]	ファイルを選択　選択されていません

上記項目に御記入の上、下記の確認ボタンを押してください。
（※）[必須]項目に漏れがあると送信できません。
入力情報はSSL暗号化通信により保護されております。

確認

特許庁ホームページ

2　拒絶理由通知

　審査の結果，登録できない理由が発見された場合，拒絶理由通知書が送付されます。そのまま何も対応しない場合は登録されませんので，通知の内容を踏まえて，意見を述べたり（意見書の提出），指定商品・役務を修正したり（手続補正書の提出）することが必要です。意見書や補正書の提出により拒絶理由を解消することができれば，登録することができます。拒絶理由を解消できない場合，拒絶査定が送付されます。

■図2-3■拒絶理由通知書（例）

整理番号　05—001　発送番号　123456
　　　　　　　　　　発送日　令和4年10月1日

拒絶理由通知書

商標登録出願の番号　　　商願2021-123456
起案日　　　　　　　　　令和4年9月30日
特許庁審査官　　　　　　商標　太郎　　　　　　　　4321
商標登録出願人代理人　　○○　○○（外　1名）　様

適用条文　　　　　　　　第4条第1項第11号

　この商標登録出願については，商標登録をすることができない次の理由がありますので，商標法第15条の2（又は同法第15条の3第1項）に基づきその理由を通知します。
　これについて意見があれば，この書面発送の日から40日以内に意見書を提出してください。
　なお，意見書の提出があったときは，商標登録の可否について再度審査することになります。

理　由

■第4条第1項第11号（先願に係る他人の登録商標）

　この商標登録出願に係る商標は，下記の登録商標と同一又は類似であって，その商標登録に係る指定商品と同一又は類似の商品について使用するものですから，商標法第4条第1項第11号に該当します。

記

区分　　　　引用No.
第3類　　　　　1
引用No.　引用商標一覧
　　1　　　登録第123456号（商願平02-01234）

＊＊＊＊＊＊＊＊＊＊＊＊＊＊＊＊＊＊＊＊＊＊＊＊＊＊＊＊＊＊＊＊＊＊＊
◆この通知に関する審査内容についてのお問合せ先
　担　　当：商標　太郎
　電話番号：03-3581-1101（代表）　内線1234
　FAX番号：03-3588-XXXX
※補正案等の送付を電子メールで希望される場合
電子メールアドレス：PA1TBO@jpo.go.jp
　　　　　　　　　　（ピーエーイチティービーゼロ＠ジェイピーオー. ジーオー. ジェイピー）
（電子メールアドレスは補正案等を送付していただくためのものです。審査に対する御意見等をお送りいただいても御回答いたしかねますので，あらかじめ御了承ください。なお，手続補正書等の書類は，正式な書類を別途提出していただく必要があります。）

◆提出する書類（意見書，手続補正書等）の書式に関するお問合せ先
　担当部署：審査業務課　方式審査室　第7担当（商標担当）
　電話番号：03-3581-1101（代表）内線2657

◆その他商標登録出願に対する御相談
　担当部署：独立行政法人　工業所有権情報・研修館相談窓口
　電話番号：03-3581-1101（代表）内線2121～2123

※審査に関わるお問合せは，その内容の透明性を担保するため面接記録又は応対記録として記録され公衆の閲覧に供されます。

　（面接ガイドライン【商標審査編】５.２面接時の手続，５.３面接記録の記載，
６.２電話・ファクシミリ等による連絡時の手続，６.３応対記録の記載等
https://www.jpo.go.jp/system/laws/rule/guideline/trademark/
mensetu_guide_syohyo.html 参照）

※拒絶理由通知の応答期間は，期間延長請求により延長することが可能です。
　期間延長請求を想定しておらず，更なる書面の提出の予定が無い旨の疎明が意
見書等でなされた場合は，期間延長請求期間を待たずに審査を進めます。
　なお，当該疎明がない場合であっても，更なる書類の提出が想定されないと判
断し得る場合には，審査を進める場合があります。
　手続補正書で上記疎明をする場合は，末尾に【その他】の項目を設け，記載し
てください。
　（特許出願及び商標登録出願における拒絶理由通知の応答期間の延長に関する
運用の変更について https://www.jpo.go.jp/system/patent/shinsa/letter/
kyozetu_entyou_160401.html 参照）

＊＊＊＊＊＊＊＊＊＊＊＊＊＊＊ご注意＊＊＊＊＊＊＊＊＊＊＊＊＊＊＊＊＊＊＊

　この“ご注意”は，全ての拒絶理由通知書に自動的に記載しているものです。
1.　手続補正書を提出する場合の「【補正対象項目名】」の欄の記載について
　　手続補正書を提出する場合，「【補正対象項目名】」の欄に「指定商品又は指
　　定役務並びに商品及び役務の区分」と記載すると，その出願の指定商品及び指
　　定役務の全てが，「【補正の内容】」の欄に記載されたもののみになりますので，
　　ご注意ください。
　　なお，詳しくは商標法施行規則様式15の２備考９をご覧ください。
2.　書類を郵送する場合の封書の宛先について
　　書類を郵送する場合の封書の宛先は，「審査官個人名」宛ではなく「特許庁
　　長官」宛にしてください。
3.　この書面において著作物の複製をしている場合について
　　特許庁は，著作権法第42条第２項第１号（裁判手続等における複製）の規定
　　により著作物の複製をしています。取扱いにあたっては，著作権侵害とならな
　　いよう十分にご注意ください。

＊＊＊＊＊＊＊＊＊＊＊＊＊＊＊＊＊＊＊＊＊＊＊＊＊＊＊＊＊＊＊＊＊＊＊＊＊

　この拒絶理由通知の内容に関するお問合せ，又は面接のご希望がございました

ら下記までご連絡ください。

審査業務部食品審査室　　　　　商標　太郎

電話　03（3581）1101　内線－－　ファクシミリ　－－（－－－－）－－－－

　「拒絶理由通知書」に対して，出願人は以下の措置をとることができます。

(1)　意見書（又は上申書）の提出

　拒絶理由通知書で指摘されている内容に誤りがある場合や，審査官の示した判断に承服できない場合には，拒絶理由に反論する「意見書」を提出することができます。審査官は，出願人から提出された意見書に基づき再度審査を行い，出願人の主張を認め，拒絶理由が解消していると判断した場合には登録査定を行い，拒絶理由が解消していないと判断した場合には拒絶査定を行います。

　一方，先行商標との抵触関係を，譲渡交渉や不使用取消審判の請求により解消しようとしている場合には，その途中経過を意見書（又は上申書）で報告し，審査の猶予を申し出ることができます。譲渡交渉等が長期間に及ぶ場合は，定期的に上申書を提出し，経過を報告する必要があります。経過報告を全く行わない場合は，応答がないとして拒絶査定が送達されます。

　譲渡交渉の結果，先行商標の商標権を譲り受けることにより拒絶理由が解消した場合や，不使用取消審判を請求した結果，先行商標の商標権が消滅して拒絶理由が解消した場合は，その旨を上申書で審査官に報告することにより，速やかに登録査定を受けることができます。

　なお，意見書は審査官が示した期間内（国内居住者の場合，通常は発送日より40日以内）に提出しなければなりません。拒絶理由通知の応答期間の延長は，応答期間内に1回（1ヵ月），応答期間経過後に1回（2ヵ月）請求することができますので，最長3ヵ月の延長が可能です。

(2)　補正書の提出

　補正とは，商標又は指定商品・指定役務の内容を変更することであり，権利範囲を変更することです。拒絶理由によっては，補正書を提出して指定商品・指定役務の範囲を変更することにより，解消することができる場合もあります。

商標法における補正書は，特許法などのように提出期間の厳格な限定はなく，審査，異議申立の審理，審判又は再審に係属中であればいつでも提出することができます。

(3)　分割出願

拒絶理由によっては，指定商品・指定役務の一部にのみ拒絶理由が該当している場合があります。その場合，該当する指定商品・指定役務を指定した新たな出願（分割出願）を行い，拒絶理由のある指定商品・指定役務の再審査を求めることができます。もとの出願については，分割出願した指定商品・指定役務を削除する補正を行うことにより，拒絶理由が解消され，早期に登録を受けることができます。

(4)　何もしない

拒絶理由通知書の審査官の見解に承服する場合や，状況の変化に伴い反論の必要性がなくなった場合には，何もしないという方策をとることもあります。その場合，意見書提出期間経過後しばらくした後，拒絶査定が送達されます。

［3］　意見書の記載方法

■図2-4■意見書の記載例

【書類名】	意見書
【整理番号】	05-001
【提出日】	令和4年×月×日
【あて先】	特許庁審査官　殿
【事件の表示】	
【出願番号】	商願2021-123456
【商標登録出願人】	
【識別番号】	×××××××××
【氏名又は名称】	○○株式会社
【代理人】	

```
　　　　【識別番号】　　　　　100106002
　　　　【弁理士】
　　　　【氏名又は名称】　　　○○　○○
　　【発送番号】　　　　　　　01234
　　【意見の内容】
　1．　拒絶理由通知によりますと，「この商標登録出願に係る商標は，下記の先願
　　　先登録商標と同一又は類似であって，その指定商品と同一又は類似の商品につ
　　　いて使用するものであるから，商標法第4条・・・・
```

(1)　【整理番号】

社内で管理している整理番号がある場合には，その番号を記載します。

(2)　【識別番号】

「識別番号通知書」により通知された番号を記載します。識別番号を記載した場合は，【住所又は居所】の欄は不要です。

(3)　【代理人】

代理人がいない場合には不要です。

(4)　【発送番号】

拒絶理由通知書の欄外に記載されている番号です。

4　補正書の記載方法

補正は，商標又は指定商品・指定役務について行うことができます。

ただし，商標の補正については，例えば，「商標登録」といった付記的な表示を削除する補正が例外的に認められているにすぎず，原則として後述する**「要旨変更」**となるため，認められていません。

指定商品又は指定役務についての補正には，指定商品又は指定役務の範囲の減縮や，誤記の訂正，明瞭でない記載の明瞭なものへの訂正は可能です。しか

し，指定商品又は指定役務の範囲の変更・拡大は，たとえ，それが類似の商品役務に変更・拡大するものであっても，「要旨変更」となるため認められていません。そして，指定商品又は指定役務の補正の方法は，指定されている全ての指定商品又は指定役務を対象として行う「**全文補正**」と，指定されている商品及び役務の区分を単位とした「**部分補正**」の2つの記載方法があります。

(1)　全文補正

補正後の指定商品又は指定役務を全て記載する方法です。この方法においては，補正書に記載されていない指定商品又は指定役務は，削除されたことになります。

区分重複の補正を行う場合は，「全文補正」で行います。区分重複の補正とは，例えば「【第1類】【第3類】【第5類】」と記載すべきところを「【第1類】【第1類】【第5類】」と誤って記載したような場合に，指定区分を適正に記載する補正をいいます。

(2)　部分補正

補正を行う区分についてのみ，補正後の指定商品又は指定役務を記載する方法です。なお，補正を行う区分については，全ての商品又は役務を記載します。補正する区分内に記載されていない指定商品又は指定役務は，削除されたことになります。

また，補正する区分が複数ある場合は，【手続補正2】，【手続補正3】と，手続補正の項目欄を繰り返し記載する必要があります。

ここで注意すべき点は，全文補正と部分補正とを間違えた場合，結果として指定商品又は指定役務を大幅に削除してしまう場合があるということです。商標法では，一度した補正を元に戻すことは「**要旨変更**」に該当するため，認められていません。そのため，結果として取り返しのつかないことになる場合もありえますので，十分に注意して記載してください。

　出願の内容が次のような場合を想定して，個別的に補正の書式を紹介します。

【指定商品又は指定役務並びに商品及び役務の区分】

第16類　紙類，文房具類

第25類　被服，履物

　※補正内容：「履物」を削除する補正

5　全文補正

■図2-5■全文補正の手続補正書の記載例

【書類名】	手続補正書
【整理番号】	05-001
【提出日】	令和4年×月×日
【あて先】	特許庁長官　殿
【事件の表示】	
【出願番号】	商願2021—123456
【補正をする者】	
【識別番号】	××××××××××
【氏名又は名称】	○○株式会社
【代理人】	
【識別番号】	100106002
【弁理士】	
【氏名又は名称】	○○　○○
【発送番号】	01234
【手続補正1】	
【補正対象書類名】	商標登録願
【補正対象項目名】	指定商品又は指定役務並びに商品及び役務の区分
【補正方法】	変更
【補正の内容】	
【指定商品又は指定役務並びに商品及び役務の区分】	
【第16類】	
【指定商品（指定役務）】	紙類，文房具類

> 【第25類】
> 【指定商品（指定役務）】　　被服

(1)　【補正をする者】

出願人の識別番号，氏名又は名称を記載します。

(2)　【手続補正1】

補正が1つの場合も「1」をつけてください。

(3)　【手数料補正】

区分数が補正により増加する場合には，出願手数料が増加することになりますので，その記載が必要です。

(4)　【指定商品又は指定役務並びに商品及び役務の区分】

補正後の全ての商品（役務）を記載します。記載されていない商品（役務）は削除されたことになります。また，【　】内の「又は」「並びに」「及び」は全て漢字を使ってください。

■図2-6■不適切な手続補正書の例

【書類名】	手続補正書
【整理番号】	05-001
【提出日】	令和4年×月×日
【あて先】	特許庁長官　殿
【事件の表示】	
【出願番号】	商願2021-123456
【補正をする者】	
【識別番号】	×××××××××
【氏名又は名称】	○○株式会社
【代理人】	
【識別番号】	100106002

```
　　【弁理士】
　　【氏名又は名称】　　　○○　○○
【発送番号】　　　　　　01234
【手続補正1】
　　【補正対象書類名】　商標登録願
　　【補正対象項目名】　指定商品又は指定役務並びに商品及び役務の区分
　　【補正方法】　　　　変更
　　【補正の内容】
　　　【指定商品又は指定役務並びに商品及び役務の区分】
　　　　【第25類】
　　　　【指定商品（指定役務）】　　被服
```

　この場合，第25類「履物」ばかりでなく，第16類の指定商品も全て削除されることとなります。

6　部分補正

(1)　補正方法が「変更」の場合

■図2-7■部分補正の手続補正書の記載例

```
【書類名】　　　　　　手続補正書
　　　　　　　　　　　～～　省　　略　　～～
【発送番号】　　　　　01234
【手続補正1】
　　【補正対象書類名】　商標登録願
　　【補正対象項目名】　第25類
　　【補正方法】　　　　変更
　　【補正の内容】
　　　【第25類】
　　　【指定商品（指定役務）】　被服
```

① 【手続補正1】

　補正する区分が複数ある場合には，【手続補正2】，【手続補正3】と，繰り返し記載します。

② 【補正対象項目名】

　区分を記載します。複数の区分を記載することはできません。

③ 【補正方法】

　「変更」と記載します。

④ 【補正の内容】

　補正を行う区分，及び，その区分における補正後の全ての指定商品又は指定役務を記載します。

(2)　補正方法が「削除」の場合

■図2-8■第25類を削除する手続補正書の記載例

【書類名】	手続補正書
	〜〜　省　略　〜〜
【発送番号】	01234
【手続補正1】	
【補正対象書類名】	商標登録願
【補正対象項目名】	第25類
【補正方法】	削除

【補正方法】

　「削除」と記載します。これによって，補正対象項目名に記載した区分の指定商品又は指定役務の全てが削除されます。なお，【補正の内容】の欄を記載する必要はありません。

(3)　区分の誤記を修正する場合

■図２-９■　「第17類　被服」を「第25類　被服」に修正する手続補正書の記載例

```
【書類名】                 手続補正書
                         ～～　　省　　略　　～～
【発送番号】               01234
【手続補正１】
    【補正対象書類名】     商標登録願
    【補正対象項目名】     第17類
    【補正方法】           削除
【手続補正２】
    【補正対象書類名】     商標登録願
    【補正対象項目名】     第25類
    【補正方法】           追加
    【補正の内容】
        【第25類】
        【指定商品（指定役務）】　　被服
```

【補正方法】

　誤った区分については，「削除」と記載します。

　正しい区分については，「追加」と記載します。なお，正しい区分について，既に別の商品・役務を指定している場合には，その区分について「変更」する補正を行います。

（例）「第17類　被服」と「第25類　履物」を指定していた場合

```
【手続補正２】
    【補正対象書類名】     商標登録願
    【補正対象項目名】     第25類
    【補正方法】           変更
    【補正の内容】
        【第25類】
```

【指定商品（指定役務）】　　被服，履物

7　補正ができる範囲について

　指定商品及び指定役務や，商標登録を受けようとする商標について行う補正は，これらの要旨を変更する（実質的にその内容を変更する）ものであってはなりません。

　要旨変更に該当する補正を行った場合，その補正は却下されます。

(1)　指定商品又は指定役務の補正

(i)　要旨変更に該当しない補正

① 　指定商品・指定役務の範囲の減縮
（例）「第20類　家具」→「第20類　洋服だんす」
　　　「第29類　食肉」→「第29類　牛肉」
② 　誤記の訂正
③ 　指定商品・指定役務の明瞭でない記載の釈明

(ii)　要旨変更に該当する補正

① 　指定商品・指定役務を交替的に変更した場合
（例）「第１類　化学品」→「第１類　肥料」
　　　「第30類　せんべい」→「第30類　あられ」
② 　指定商品・指定役務の範囲を拡大した場合
（上位概念への変更，補正前に含まれない商品・役務の追加）
（例）「第25類　洋服」→「第25類　被服」
　　　「第７類　金属加工機械器具」→「第７類　金属加工機械器具，プラスチック加工機械器具」

(2) 商標の補正

(i) 要旨変更に該当しない補正

> 　商標中の付記的部分の「JIS」「JAS」「特許」「意匠」等の文字若しくは記号又は商品の産地・販売地若しくは役務の提供地を表す文字の削除
>
> 　（例）　ABC^{特許}　→　ABC

(ii) 要旨変更に該当する補正

> ①　商標中の付記的部分でない普通名称，品質若しくは質の表示，材料表示等の文字，図形，記号又は立体的形状の変更，追加，削除
>
> 　（例）　桜羊かん　→　羊かん
>
> 　　　　　桜　　　　→　桜羊かん
>
> 　　　　　椿銀行　　→　椿
>
> 　　　　　椿　　　　→　椿銀行
>
> ②　商標の色彩の変更
>
> ③　「立体商標」である旨の記載の追加又は削除（ただし，願書に記載した商標が立体商標以外を認識できない場合に「立体商標」である旨を追加する補正，又は願書に記載した商標が平面商標としてしか認識できない場合に「立体商標」である旨を削除する補正は，要旨の変更にあたりません）
>
> ④　「標準文字」である旨の記載の追加又は削除（ただし，願書に記載された商標が標準文字に置き換えて表されたものと同一と認められる場合，「標準文字」である旨の記載を追加する補正は，要旨の変更にあたりません）
>
> ⑤　商標法5条4項但書の規定による色彩の適用を受けようとする表示の追加又は削除

(3) 補正却下不服審判

　補正却下不服審判は，指定商品・役務又は商標登録を受けようとする商標についての補正が要旨変更であるとする補正却下の決定に不服がある場合に，出

願人がその補正却下の決定を取り消すよう請求することができる審判制度です（商標法45条）。この審判請求がされると，特許庁は，補正却下の決定の適否を審理し，瑕疵がある場合にはその決定を取り消します。

　審判における主張が認められた場合は，補正は有効なものとして取り扱われ，補正後の願書の記載に基づいて審査が行われます。一方，審判請求による主張によっても補正却下の理由が解消しない場合は，補正却下は有効なものとして取り扱われ（却下審決），補正前の願書の記載に基づいて審査が行われます。この場合，結果に不服があれば，更に知財高裁に出訴することができます。

8　拒絶理由通知書の実例とその対応例

(1)　商標法３条１項柱書（その１）

(ⅰ)　拒絶理由の内容

■図2-10■拒絶理由通知書の例

理　由

　商標法第３条第１項柱書により商標登録を受けることができる商標は現在使用をしているもの又は近い将来使用をするものと解されます。しかし，この商標登録出願は，第○類において広い範囲にわたる商品（役務）を指定しているため，このような状況の下では，出願人が出願に係る商標をこれらの指定商品（指定役務）のいずれにも使用しているか又は近い将来使用をすることについて疑義があるといわざるを得ません。

　従って，この商標登録出願に係る商標は，商標法第３条第１項柱書の要件を具備しているということができません。

　ただし，新聞記事，カタログ，取引書類等の書類によって出願人がそれらの指定商品（指定役務）に係る業務を行っているか，又は，商標の使用意思を明記した書面及び事業計画書（特許庁のホームページ（http://www.jpo.go.jp/indexj.htm）の「商標審査便覧41.100.03」を参照して下さい。）等によって出願人がそれらの指定商品（指定役務）に係る業務を近い将来行う予定があること

を明確にしたときは，この限りではありません。

参　考
1.　商標審査基準「商標法第3条第1項柱書」
2.　商標審査便覧「41.100.03商標の使用又は商標の使用の意思を確認するための審査に関する運用について」
　　この取り扱いの詳細につきましては特許庁ホームページで公表しておりますのでご覧下さい。
◆特許庁ホームページ→商標→基準・便覧・ガイドライン→商標便覧について
　商標審査便覧→41.100　第3条第1項柱書き→41.100.03商標の使用又は商標の使用の意思を確認するための審査に関する運用について）
「特許庁ホームページアドレス　http://www.jpo.go.jp/indexj.htm」

　願書に記載された指定商品又は指定役務が，次の①又は②に該当する場合には，指定商品又は指定役務に係る業務を出願人が行っているか又は行う予定があるかについて合理的疑義があるものとして，商標法3条1項柱書の要件を具備しない旨の拒絶理由が通知されます。

①　商品・役務の全般について
　1区分内において，23以上の類似群コードにわたる商品又は役務を指定している場合
②　小売等役務について
(a)　個人が出願人の場合であって，「衣料品，飲食料品及び生活用品に係る各種商品を一括して取り扱う小売又は卸売の業務において行われる顧客に対する便益の提供」（「総合小売等役務」という）に該当する役務を指定している場合
(b)　法人が出願人の場合であって，総合小売等役務に該当する役務を指定しているが，職権調査により出願人が総合小売等役務を行っているとは認められないと判断された場合
(c)　類似の関係にない複数の小売等役務を指定している場合

(ii)　対応例
　指定商品又は指定役務にかかる業務を実際に行っている場合，若しくは近い

将来行う予定がある場合には，「**商標の使用**」又は「**使用の意思**」を確認するための書類を提出します。

　なお，これらの書類は，出願後，拒絶理由が通知される前に提出しておくことも可能です。

　まず，商標の使用を確認するための書類を，一覧で示します。

〈商標の使用を確認するための書類〉
● 指定商品又は指定役務に係る業務を出願人が行っていることの証明
　① 印刷物（新聞，雑誌，カタログ，ちらし等）
　② 店舗及び店内の写真
　③ 取引書類（注文伝票，納品書，請求書，領収書等）
　④ 公的機関等（国，地方公共団体，在日外国大使館，商工会議所等）の証明書
　⑤ 同業者，取引先，需要者等の証明書
　⑥ インターネット等の記事
　⑦ 小売等役務に係る商品の売上高がわかる資料等
● 小売等役務に係る業務を行っていることの証明
(イ) 総合小売等役務に属する小売等役務
　① 小売業又は卸売業を行っていること
　② その小売等役務の取扱商品の品目が，衣料品，飲食料品及び生活用品の各範疇にわたる商品を一括して1事業所で扱っていること
　③ 衣料品，飲食料品及び生活用品の各範疇のいずれもが総売上高の10%〜70%程度の範囲内であること
(ロ) 総合小売等役務以外の小売等役務
　① 小売業又は卸売業を行っていること
　② その小売業又は卸売業が小売等役務に係る取扱商品を取り扱うものであること

　次に商標の使用の意思を確認するための書類です。概ね出願後3〜4年以内（登録後3年に相当する時期まで）に商標の使用を開始する意思を示す必要があり，そのために商標の使用の意思を明記した文書及びその事業の準備状況を示す書類（事業計画書）の提出を求められます。

〈商標の使用の意思を明記した文書〉
- 出願に係る商標を使用する意図
- 指定商品の生産，譲渡（販売を含む）のいずれの事業を具体的に行うのか（指定役務の場合はその提供の計画）
- 商標の使用の開始時期

〈事業準備状況を示す書類（事業計画書）〉
- 使用開始に至るまでの具体的な事業の準備状況や計画（商品又は役務の企画の決定，工場や店舗の建設等）を記載したもの

■図2-11■商標の使用の意思を明記した文書の記載例

商標の使用を開始する意思

　現在当社は，本願指定商品（役務）に係る業務を行っていないが，指定商品「食品香料（精油のものを除く。），茶，コーヒー，菓子，調味料，香辛料，コーヒー豆，パスタソース」の生産，譲渡（販売を含む）の事業計画（指定役務の場合はその提供の事業計画）をもっており，令和○年○月ころから商標の使用の開始をする予定である。

　以上のとおり相違ありません。

令和3年×月×日
（出願人）
　　住　　　　　所　　東京都千代田区○○○○×-×-×
　　名　　　　　称　　○○株式会社
　　事業担当責任者　　○○　○○

■図2-12■事業計画書の記載例

事業計画書

〔計画の概要〕
令和1年×月　　新規事業プロジェクトチーム設置

令和１年×月　　企画の決定

令和２年×月　　事業許可申請

令和○年×月　　工場（店舗）の建設（着工・借用）予定

令和○年×月　　生産（販売）開始予定

令和３年×月×日

（出願人）

住　　　　所　　東京都千代田区○○○○×-×-×

名　　　　称　　○○株式会社

事業担当責任者　　○○　○○

(2)　商標法３条１項柱書（その２）

(i)　拒絶理由の内容

■図2-13■拒絶理由通知の例

指定役務：第45類「訴訟事件その他に関する法律事務，登記又は供託に関する手続の代理，○○，□□」の場合

理　　由

　この商標登録出願に係る指定役務中には，弁護士ではない出願人が，業として行うことが禁止されている役務「訴訟事件その他に関する法律事務」を含むものです。また，この商標登録出願に係る指定役務中には，司法書士ではない出願人が，業として行うことが禁止されている役務「登記又は供託に関する手続の代理」を含むものです。

　したがって，この商標登録出願に係る商標は，商標法第３条第１項柱書の要件を具備しません。

　ただし，例えばこの商標登録出願に係る指定役務から，「訴訟事件その他に関する法律事務，登記又は供託に関する手続の代理」を削除した場合は，この拒絶理由は解消します。

　願書に記載された指定商品又は指定役務について，出願人が商標を使用できない蓋然性が高いものとして判断される場合，３条１項柱書の要件を具備しな

い旨の拒絶理由が通知されます。例えば，指定役務に係る業務を行うためには，法令に定める国家資格を有することが義務づけられている場合において，出願人の名称等から国家資格を有していることが確認できない場合などに通知されます。

(ii)　対応例

　審査官の判断に納得できる場合には，拒絶理由通知で指摘された指定商品又は指定役務を削除する補正をすれば，拒絶理由は解消します。

　また，審査官の判断に不服がある場合には，その旨を記載した意見書を提出することにより反論します。意見書を作成する際には，下記のような検討を行います。例えば，出願人がその国家資格を有しているならば，その証明する書面を提出して，その旨を反論します。

- 指定商品又は指定役務に係る業務を行うための国家資格を有しているか否か
- 指定商品又は指定役務に係る業務を行い得る法人であるか否か
- 拒絶理由通知がいう国家資格を有していなくとも，法令上，指定商品又は指定役務に係る業務を行い得る余地はないか否か

---

(3)　商標法3条1項柱書（その3）

　新しいタイプの商標は，願書にその旨の記載と共に，商標や商標の詳細な説明等を記載して出願しますが，それらの記載によってそれぞれの新しいタイプの商標を構成すると認められない場合は，商標法3条1項柱書の拒絶理由が通知されます。

(i)　拒絶理由の内容（例１）

【商標登録を受けようとする商標】（巻末付録参照）

【色彩のみからなる商標】

【商標の詳細な説明】

　　商標登録を受けようとする商標（以下「商標」という。）は，色彩のみから
　なる商標であり，赤色（RGB の組み合わせ：R255，Ｇ０，Ｂ０）の包丁の
　柄の部分の波形の形状からなる。なお，破線は，商品の形状の一例を示したも
　のであり，商標を構成する要素ではない。

【指定商品又は指定役務並びに商品及び役務の区分】

　【第８類】

　【指定商品（指定役務）】包丁

(ii)　拒絶理由の趣旨と対応例

　　上記出願においては「色彩のみからなる商標」と記載されていますが，商標
の詳細な説明では「赤色の包丁の柄の部分の波形の形状からなる」とされてお
り，色彩と立体的形状の結合とされています。

　　このため，商標が特定されていないとされ，商標法３条１項柱書，５条５項
の要件を具備しないとして拒絶理由の通知がなされます。

　　この場合は，例えば，商標の詳細な説明を「包丁の柄の部分を赤色（RGB
の組み合わせ：R255，Ｇ０，Ｂ０）とする構成からなる」等に補正して，標章
が色彩のみからなるものであることを明確にします。

(iii)　拒絶理由の内容（例2）

【商標登録を受けようとする商標】（巻末付録参照）

【色彩のみからなる商標】

【商標の詳細な説明】

　　商標登録を受けようとする商標（以下「商標」という。）は，色彩のみからなる商標であり，包丁の柄の部分を赤色（RGB の組み合わせ：R255，G0，B0）とする構成からなる。

【指定商品又は指定役務並びに商品及び役務の区分】

　【第8類】

　【指定商品（指定役務）】包丁，<u>手動バリカン</u>

(iv)　拒絶理由の趣旨と対応例

　上記の出願においては，「商標の詳細な説明」において「包丁」としており，願書に記載された商標も「包丁」を表しているところ，指定商品「手動バリカン」については包丁の柄の部分を想定し得ないものであるから，商標法3条1項柱書の要件を具備しないとして拒絶理由の通知がなされます。

　この場合は，例えば，指定商品を「包丁」のみに補正します。

(4)　商標法3条1項3号（その1）

(i)　拒絶理由の内容

　商標法3条1項3号は，「その商品の産地，販売地，品質，原材料，効能，用途，数量，形状（包装の形状を含む。），価格若しくは生産若しくは使用の方法若しくは時期又はその役務の提供の場所，質，提供の用に供する物，効能，

用途，数量，態様，価格若しくは提供の方法若しくは時期を普通に用いられる方法で表示する標章のみからなる商標」は登録しない旨を規定しています。

　下記のような表示からなる場合には，本条による拒絶理由が通知されます。

---

① 取引過程において必要な表示であるため，何人も使用する必要があり，特定の者に独占を認めることは妥当とはいえないもの

② 現在は使用されていなくとも，将来多くの人に一般的に使用されるもの

③ 他の商品と識別することができない表示

〈例〉

出願商標：「うるおいボディー」

指定商品：身体用の保湿効果を有する化粧水

理　由

　この商標出願に係る商標は，「うるおいボディー」の文字を書してなるところ，これをその指定商品に使用しても，身体用の保湿効果を有するとの，商品の特性を普通に用いられる方法で表示するにすぎないものと認めます。

　従って，この商標登録出願に係る商標は，商標法第3条第1項第3号に該当します。

　この拒絶理由は，身体用の保湿効果を有する化粧水について「身体の潤いを保つ」という効果を想起する「うるおいボディー」の商標は，指定商品との関係から商品の特性を表示するにすぎないものであり，識別性がない旨を認定しています。

(ii)　対応例

　審査官の判断に不服がある場合には，その旨を記載した意見書を提出することにより反論します。意見書を作成する際には，下記のような検討を行います。

・本願商標が指定商品について使用されている事実の有無

・商標より生ずる意味合いが，審査官が指摘している意味合いと適合しているか（辞書などを調べる）

- 身体用の保湿効果を有する化粧水について「うるおいボディー」の表示は，商品の品質等を間接的に表示したとはいえないか
- 類似案件の審決等で，識別力があると認定されている例はあるか（ただし，識別力があると認定されている例がある場合でも，必ずしも識別力があるとの認定につながるわけではありません）
- 本願商標が周知となっていて，出願人の指定商品を示す商標として需要者に広く認識されているか
- 本願商標の書体が特徴的なものといえないか

　以上の検討を行った上，反論可能な点を意見書において主張すると共に，その意見の裏付けとして，インターネット，書籍，辞書，新聞などにおける記載などを意見書に添付して提出します。また，関連する先行登録例，審決，判決があれば，その写し等を提出します。

　なお，長年の使用により，出願人の指定商品を示す商標として需要者に広く認識されている可能性があると判断した場合には，その旨を証明する書類を提出し，意見書において商標法3条2項の規定の適用を主張することも可能です。その主張が認められれば，登録を受けることができます。

⑸　商標法3条1項3号（その2）

⒤　拒絶理由の内容

〈例〉
出願商標：「石神井川」
指定商品：菓子及びパン
理　由
　この商標出願に係る商標は，東京都の小金井公園から練馬区を通って隅田川に流れる川の名前として知られている「石神井川」の文字を普通に用いられる方法で書してなるものであるから，これを指定商品に使用するときは，商品が前記川の周辺で製造，販売されていることを認識させるに留まり，単に商品の産地，販売地を表示するにすぎないと認めます。

　この拒絶理由も商標法3条1項3号ですが，商品の産地若しくは販売地を表

す商標であるため，識別性がない旨を認定しています。

(ii) 対応例

　いわゆる地名よりなる商標名は，国家名や著名な都市名については本条の規定に反すると認定されますが，審査便覧によると，単なる河川名，丘名，高原名，山岳名などについては，著名な観光地でない限り登録を受けることができる可能性があります。

　よって，意見書において反論する場合には，下記の点を考慮します。

- 直接商品の産地，販売地，役務の提供場所に結びつける要因があるか
- 行政区画名であるか，著名な観光地を示すものか
- 本願商標の書体が特徴的なものといえないか

---

(6)　商標法3条1項3号，4条1項16号

(i)　拒絶理由の内容

　商標法4条1項16号は，「商品の品質又は役務の質の誤認を生ずるおそれがある商標」の登録は認めない旨を規定しています。

〈例〉

出願商標：「どこでもパズル」

指定商品：おもちゃ，人形

理　由

　この商標出願に係る商標は，その指定商品との関係から，「場所を選ばずどこでも使用できるパズル用具」の意味を認識させる「どこでもパズル」の文字を普通に用いられる方法で書してなるものでありますから，これを本願商標の指定商品中，上記に照応する商品に使用しても単に商品の用途・品質等を表示するに過ぎないものと認めます。従って，この商標登録出願に係る商標は，商標法第3条第1項第3号に該当します。

　また，前記意味合いに照応する商品以外の商品に使用するときは，商品の品質の誤認を生じさせるおそれがあるため，同第4条第1項第16号に該当します。

　この拒絶理由は，商標法3条1項3号と4条1項16号の2つの理由を併せて通知しているものです。この場合，双方の拒絶理由を解消しなければ登録されないため，注意して反論を行う必要があります。

(ii)　対応例

　審査官の判断に不服がある場合には，その旨を記載した意見書を提出することにより反論します。意見書を作成する際には，下記のような検討を行います。

- 本願商標が造語であるか
- 商標の態様からどのような商品（役務）であるかを特定できるか
- 商標より生ずる意味合いが，審査官が指摘している意味合いと適合しているか（辞書などを調べる）
- おもちゃ等について「どこでもパズル」の表示は，商品の品質等を間接的に表示したとはいえないか（3条1項3号に対する反論）
- 類似案件の審決等で，識別力があると認定されている例はあるか（ただし，識別力があると認定されている例がある場合でも，必ずしも識別力があるとの認定につながるわけではありません）
- 本願商標が周知となっていて，出願人の指定商品を示す商標として需要者に広く認識されているか
- 本願商標の書体が特徴的なものといえないか

　以上の検討を行った上，反論可能な点を意見書において主張すると共に，その意見の裏付けとして，インターネット，書籍，辞書，新聞などにおける記載などを意見書に添付して提出します。

(7)　商標法3条1項4号

(i)　拒絶理由の内容

　商標法3条1項4号は，「ありふれた氏又は名称を普通に用いられる方法で表示する標章のみからなる商標」の登録は認めない旨を規定しています。

　「ありふれた氏又は名称」とは，一般に氏姓と思われる名称の大部分が該当します。また「ありふれた氏又は名称」を平仮名，カタカナ，ローマ字で表示

した場合も，原則として，これに該当するものとして拒絶理由が通知されます。

〈例〉

出願商標：「ショウバヤシ」

指定商品：技芸・スポーツ又は知識の教授

理　由

　この商標出願に係る商標は，ありふれた氏の「正林」に通ずる「ショウバヤシ」の片仮名文字を普通に用いられる方法で書してなるものと認められます。

　従って，この商標登録出願に係る商標は，商標法第3条第1項第4号に該当します。

(ii)　対応例

　審査官の判断に不服がある場合には，その旨を記載した意見書を提出することにより反論します。意見書を作成する際には，下記のような検討を行います。

- 「正林」という氏が本当にありふれているか
- 3条2項に該当するといえるか
- 本願商標の書体が特徴的なものといえないか

---

(8)　商標法3条1項6号（その1）

(i)　拒絶理由の内容

　商標法3条1項6号は，「需要者が何人かの業務に係る商品又は役務であることを認識することができない商標」の登録は認めない旨を規定しています。本号は，審査官が商標法3条1項3号〜5号には該当しないが，識別性がないと判断した商標について通知される拒絶理由です。

　なお，本号に該当する商標は，商標法上，商標法3条2項の適用の対象ではありませんが，使用による識別力を獲得していることを主張して，同号に該当しないと反論することは可能です。

〈例〉
出願商標：「Ｕ ロック」
指定商品：建築用連結金具

理　由

　この商標出願に係る商標は、「Ｕ ロック」の文字よりなるところ、出願人が本願商標を指定商品中の「鍵、錠」などの商品に使用しても、これに接する需要者等は「鍵、錠等の一類型」の如き意味合いを理解するのにとどまり、自他商品の識別標識としては認識しないものと認められます。

　従って、この商標登録出願に係る商標は、商標法第3条第1項第6号に該当します。

(ii)　対応例

　基本的には、商標法3条1項3号に該当すると認定された場合の対応と同様の対応を行います。

(9)　商標法3条1項6号（その2）

(i)　拒絶理由の内容

　色彩のみからなる商標は、原則として、識別力がないものとして拒絶理由が通知されます。そして、3条1項2号又は3号に該当しないものであっても、6号に該当するものとして、拒絶理由が通知されます。

〈例〉
出願商標：

【色彩のみからなる商標】（巻末付録参照）

理　由

　この商標登録出願に係る商標（以下「本願商標」といいます。）は，商標記載欄の記載及び商標の詳細な説明の記載から特定されるものです。

　ところで，商品の包装や広告の装飾等に使用される色彩は，多くの場合，それらの魅力向上等のために選択されるものであって，商品の出所を表示し，自他商品を識別するための標識として認識し得ないものです。

　そして，本願商標の指定商品を取り扱う業界において，色彩の組み合わせが下記のように使用されている実情が認められます。

　そうしますと，本願商標をその指定商品の包装に使用しても，これに接する取引者，需要者は，商品の包装に通常使用される又は使用され得る色彩を表したものと認識するにとどまり，何人かの業務に係る商品であるかを認識することができないものと認めます。

　従って，本願商標は，商標法第３条第１項第６号に該当します。

　ただし，使用により識別力を獲得したことを証明する資料を提出し，それが認められた場合にはこの限りではありません。

記

(1)　○○○…

(2)　△△△…

(ii)　対応例

　色彩のみからなる商標については，使用による識別力を獲得している旨の立証が可能か否かが反論のポイントになります。

　従って，以下を検討した上で，意見書において主張・立証を行います。

- 出願商標を指定商品又は指定役務について使用しているか否か，すなわち，出願商標を使用していない商品又は役務を指定していないか
- 出願商標が出願人の商品又は役務を表示するものとして，全国的に著名となっているか否か
- 使用商標と出願商標の色相・明度・配色の割合などが同一といえるか否か
- 上記を証明する十分な証拠の提出が可能か否か
- その色彩を需要者に印象付ける方法で使用していたか否か
- 同業他社が同様の色彩を使用していないか否か

⑽　商標法4条1項7号

(ⅰ)　拒絶理由の内容

　商標法4条1項7号は、「公の秩序又は善良の風俗を害するおそれがある商標」の登録は認めない旨を規定しています。

　本号は、公益的事由の総括規定であり、公序良俗に反するような出願がなされた場合に通知されます。

〈例〉
出願商標：「日本スチール学協会」
指定商品：鉄及び鋼

理　由

　この商標出願に係る商標は、その構成中に「協会」の文字を有するところ、出願人がその「協会」と何らかの関係があるものであるかの如く需要者が誤認するおそれがあり、商取引の秩序を害するおそれがあると認められます。

　従って、この商標登録出願に係る商標は、商標法第4条第1項第7号に該当します。

(ⅱ)　対応例

　上記の理由については、「日本スチール学協会」が実際に存在すること、及びその「協会」の内容などを、意見書において主張すると共に、その裏付けとして、インターネット、書籍、辞書、新聞などにおける記載などを意見書に添付して提出します。

⑾　商標法4条1項8号

(ⅰ)　拒絶理由の内容

　商標法4条1項8号は、「他人の肖像又は他人の氏名若しくは名称若しくは著名な雅号、芸名若しくは筆名若しくはこれらの著名な略称を含む商標」の登録は認めない旨を規定しています。

〈例〉
出願商標：「前島はるか」
指定商品：レコード，録音済み及び録画済み記録媒体
理　由

　この商標出願に係る商標は，アイドル歌手として著名な芸名である「前島はる
か」の文字からなるものであり，その承諾を得たものとは認められません。

　従って，この商標登録出願に係る商標は，商標法第４条第１項第８号に該当し
ます。

(ii)　対応例

　出願商標と同じ芸名等の他人の承諾を得る必要があります。

　承諾を得た場合には，その他人の承諾を得たため，拒絶理由が解消している
旨を意見書において主張すると共に，その裏付けとして，以下のような「承諾
書」を提出します。

承諾書

令和４年×月×日

東京都台東区上野×丁目××番地×号
　商標　太郎　殿

東京都練馬区○○１丁目×番地×号
前島　はるか　印

　下記商標登録出願に関し，私は，貴殿が，私の芸名と同一の商標「前島はる
か」を商品及び役務の区分第９号「レコード，録音済み及び録画済み記録媒体」
について商標登録を受けることに承諾します。

記

商標登録出願の番号　商願2021-12345号

以上

⑿　商標法4条1項11号

(i)　拒絶理由の内容

　商標法4条1項11号は，「当該商標登録出願の日前の商標登録出願に係る他人の登録商標又はこれに類似する商標であって，その商標登録に係る指定商品若しくは指定役務又はこれらに類似する商品若しくは役務について使用をするもの」の登録は認めない旨を規定しています。

　他人の先願先登録商標と同一又は類似する商標は，出所の混同を生じさせるおそれがあることから，商標登録を受けることはできない旨を規定したものです。

〈例〉
出願商標：「コマキング」
指定商品：飲食物の提供

理　由

　この商標出願に係る商標は，下記の登録商標と同一又は類似であって，その商標登録に係る指定商品（指定役務）と同一又は類似の商品（役務）について使用するものですから，商標法第4条第1項第11号に該当します。

記

区　分	引用 No
第43類	1，2
引用 No.	引用商標一覧
1	登録第1234567号（商公昭51-99999）
2	登録第9876543号（商願××××－×××××）

(ii)　対応例

　対応策を検討するにあたり，まずは以下の点につき確認します。

・引用商標の登録情報

　拒絶理由通知書では，引用商標の登録番号及び出願番号等のみが記載され，具体的な商標登録の内容は明示されていないため，まずは，特許電子図書館や商標公報などで引用商標の内容を確認します。

- 本願商標及び引用商標の指定商品・指定役務が相互に類似するか

　　指定商品・指定役務の一部のみが類似する場合には，それらの商品・役務を削除する補正を行うという方策もあるため，全ての商品・役務につき丁寧に確認します。

- 本願商標と引用商標とは，「称呼」「外観」「観念」が相互に類似するか

　　過去の審決例等を参照すると，本願商標と引用商標とは非類似であるとの主張が認められる可能性が高い場合があります。

- 引用商標の権利者
- 引用商標の使用状況

　　引用商標が継続して3年以上不使用である場合には，不使用取消審判を請求し，登録を取り消すことができます。

　　これらを確認後，以下のような対応を行います。

(a)　手続補正書を提出する

　　指定商品・指定役務の一部のみが類似する場合には，それらの商品・役務を全て削除する補正を行えば拒絶理由は解消し，残りの指定商品・指定役務について登録を受けることができます。

(b)　意見書を提出する

　　本願商標と引用商標とは非類似である旨を審査官に反論する場合には，反論可能な点を意見書において主張すると共に，その意見の裏付けとして，インターネット，書籍，辞書，新聞などにおける記載，並びに過去の審決例などを意見書に添付して提出します。

(c)　引用商標の権利者と譲渡交渉を行う

　　引用商標が「他人の」登録商標ではなく自己の登録商標になれば，拒絶理由は解消します。交渉が成立した場合には，引用商標について移転登録申請を行うことにより，商標権を出願人に移転します。

(d)　引用商標に対し取消審判，無効審判などを請求する

　　引用商標が継続して3年以上不使用である場合や，無効理由や取消理由を有する場合には，取消審判や無効審判を請求します。審判が成立し，結果として引用商標の商標権との抵触関係がなくなれば，拒絶理由は解消します。

　なお，譲渡交渉や審判請求などを行った場合には，結論が出るまで審査を待ってもらう必要があるため，現状を示した資料（譲渡交渉開始を示す書類や審判請求書の写し等）を添付し，審査を猶予して欲しい旨を記載した意見書又は上申書等を提出します。

■図2-14■移転登録申請書の作成例

```
┌─────────────────────────────────────────────────┐
│ ┌───────┐                                         │
│ │ 収 入 │          商標権移転登録申請書            │
│ │ 印 紙 │                                         │
│ └───────┘                              令和4年×月×日│
│ （30,000円）                                      │
│ 特許庁長官　　殿                                  │
│ 1.　商標登録番号　　　　　商標登録第123456号      │
│ 2.　登録の目的　　　　　　本商標権の移転          │
│ 3.　申請人（登録権利者）                          │
│ 　　住　所　　　東京都千代田区丸の内×丁目×番地×号│
│ 　　名　称　　　○○株式会社                      │
│ 　　代表者　　　代表取締役社長　○○　○○        │
│ 4.　申請人（登録義務者）                          │
│                                                   │
│ 　　住　所　　　東京都台東区上野×丁目×番地×号   │
│ 　　名　称　　　○○株式会社                      │
│ 　　代表者　　　代表取締役社長　○○　○○        │
│ 5.　添付書類の目録                                │
│ 　　(1)　譲渡証書（付・単独申請承諾書）　　1通     │
└─────────────────────────────────────────────────┘
```

■図2-15■譲渡証書の作成例

```
┌─────────────────────────────────────────────────┐
│                　譲　渡　証　書                   │
│                （付：単独申請承諾書）             │
│                                                   │
│                                       令和4年×月×日│
│ （譲受人）                                        │
│ 　　住　所　　　東京都千代田区丸の内×丁目×番地×号│
└─────────────────────────────────────────────────┘
```

```
　名　称　　　　　○○株式会社
　代表者　　　　　代表取締役社長　○○　○○
```

　今般，当社所有の下記に記載された商標権を貴社に譲渡したことに相違ありません。また本条に基づく商標権移転の登録申請を貴社が単独でなす事に，異議なくこれを承諾します。

記

商標登録第123456号

```
（譲渡人）
　住　所　　　　　東京都台東区上野×丁目×番地×号
　名　称　　　　　○○株式会社
　代表者　　　　　代表取締役社長　○○　○○　　　印
```

(ⅲ)　同日出願の場合

　同一又は類似の商品又は役務について使用をする同一又は類似の商標について，同日に2以上の商標登録出願（「**同日出願**」）があった場合には，双方の出願人が協議し，協議により定めた一方の出願人のみが商標登録を受けることができます（商標法8条2項）。詳細は商標法8条2項（175頁）を参照してください。

　協議が成立しなかった場合，特許ではどちらの出願も登録を受けることができませんが，商標法では，協議が成立しない場合には，「特許庁長官が行う公正な方法によるくじにより定めた一の商標登録出願人のみが商標登録を受けることができる」と規定されています（商標法8条5項）。この「**くじ引き**」には，出願人も立ち会うことが可能です。

⒀　商標法4条1項15号

(ⅰ)　拒絶理由の内容

　商標法4条1項15号は，「他人の業務に係る商品又は役務と混同を生ずるおそれがある商標（10号から前号までに掲げるものを除く）」の登録は認めない旨を規定しています。例えば，商標の一部に著名な商標を含む場合などが該当します。

　実際には，商品・役務の出所混同を生じさせるおそれがあるかについて，個別具体的に検討する必要があります。

〈例〉

出願商標：「ABNS」

指定商品：被服

理　由

　この商標出願に係る商標は，「ABNS」の文字を書してなるところ，これは○○のデザインに係る被服等を示す標識として，現在のみならず本願出願時には既に著名に至っていた「ABN」の文字をその構成中に有するものですから，このような商標をその指定商品について使用するときは，その商品が恰も上記他人と経済的若しくは組織的に何らかの関係があるかのごとく，その商品の出所について混同を生じさせるおそれがあるものと認めます。

　従って，この商標登録出願に係る商標は，商標法第4条第1項第15号に該当します。

(ii)　対応例

　審査官の判断に不服がある場合には，その旨を記載した意見書を提出することにより反論します。意見書を作成する際には，下記のような検討を行います。

- 引用商標である「ABN」が「被服」の分野において著名であるか
- 引用商標に係る商品と本願商標に係る商品との間で，出所の混同のおそれが生じているか（例えば，「ABNS」が一体的にのみ称呼され，「ABN」との称呼が生じ得ない等）

　以上の検討を行った上，反論可能な点を意見書において主張すると共に，その意見の裏付けとして，インターネット，書籍，辞書，新聞などにおける記載などを意見書に添付して提出します。

⑭　商標法4条1項16号

(ⅰ)　拒絶理由の内容

　商標法4条1項16号は，「商品の品質又は役務の質の誤認を生ずるおそれがある商標」の登録は認めない旨を規定しています。

　商標法3条1項3号と共に通知される場合がほとんどですが，商標の一部に地名等を含む場合などは，本号のみを理由とした拒絶理由が通知されます。

〈例〉
出願商標：「ＡＢＣ＆ぶどう」
指定商品：パン

理　　由

　この商標出願に係る商標は，その構成中に「ぶどう」の文字を有してなるものであるから，これをその指定商品中「ぶどうパン」以外の商品に使用するときには，その商品の品質について誤認を生じさせるおそれがあるものと認めます。

　従って，この商標登録出願に係る商標は，商標法第4条第1項第16号に該当します。

(ⅱ)　対応例

　指定商品（指定役務）の範囲を，商品の品質等の誤認を生じない範囲に限定させる補正を行うことにより，拒絶理由が解消する場合があります。

　例として，指定商品を「パン」から「ぶどうパン」に変更する補正を挙げておきます。

　審査官の判断に不服がある場合には，その旨を記載した意見書を提出することにより反論します。

　例えば「本願商標はその構成態様から，特定の商品を認識させることができないものであり，審査官が指摘する商品以外の商品に使用したとしても誤認混同が生じない旨の主張」などです。

⒂　商標法６条１項及び２項

（ⅰ）　拒絶理由の内容

　商標法６条１項は，「商標登録出願は，商標の使用をする一又は二以上の商品又は役務を指定して，商標ごとにしなければならない」旨を規定しています。指定商品・指定役務の内容が不明確である場合が該当します。

　２項は，「商標の使用をする一又は二以上の商品又は役務の指定は，政令で定める商品及び役務の区分に従ってしなければならない」旨を規定しています。指定商品・指定役務が記載されている区分が誤っている場合が該当します。

〈例〉

出願商標：「ＡＢＣ」

指定役務：広告，経営の診断又は経営に関する助言，市場調査，商品の販売に関する情報の提供，各種書類の書式の作成及び情報の提供，競売の運営，輸出入に関する事務の代理又は代行

理　　由

　指定役務は，商標とともに権利範囲を定めるものですから，その内容及び範囲は明確でなければならないところ，この商標登録出願に係る指定役務中「各種書類の書式の作成及び情報の提供」は，その内容及び範囲を明確に指定したものとは認められません。

　また，前記指定役務が不明確でその内容及び範囲が把握できないことから，政令で定める商品及び役務の区分に従って第35類の役務を指定したものと認めることもできません。

　従って，この商標登録出願は，商標法第６条第１項及び第２項の要件を具備しません。

　ただし，下記指定役務を，要旨を変更しない範囲内において商標法施行規則別表又は類似商品・役務審査基準に掲載されている役務に補正したときはこの限りではありません。

　なお，具体的な補正の方法が不明なときは，上記意見書をもって指定役務の内容及び範囲を詳細に説明してください。

（ⅱ）　対応例

　審査官より補正案が示されている場合には，その補正案どおりに補正を行う

ことにより拒絶理由が解消します。

　審査官の示す補正案が，出願人が意図している商品又は役務と異なる場合には，次の方策により対応します。

　審査官より補正案が示されていない場合，若しくは審査官の示す補正案を受け入れない場合には，その商品・役務の内容を意見書において説明します。説明の資料として，カタログ，パンフレット，ホームページにおける記載などを意見書に添付して提出します。

　意見書提出後，審査官により意見書の内容に基づいた新たな補正案が検討され，補正案が示された手続補正指令書が通知されます。

　なお，補正により区分数が増加する場合には，追加区分数についての手数料を納付する必要があります。

⒃　商標法８条２項

(i)　拒絶理由の内容

　商標法８条２項は，「同一又は類似の商品又は役務について使用をする同一又は類似の商標について同日に二以上の商標登録出願があったときは，商標登録出願人の協議により定めた一の商標登録出願人のみがその商標について商標登録を受けることができる」旨を規定しています。

　類似関係にある商標出願が同日に２以上出願された場合の取扱いについて規定したものです。

〈例〉

出願商標：「ＡＢＣ」

指定商品：菓子及びパン

　　　　　　　　　　　　　理　　由

　この商標登録出願は，この出願と同日に出願された下記の商標登録出願と同一又は類似の商標であり，同一又は類似の指定商品（指定役務）に使用するものと認められますが，出願人が商標法第８条第２項又は第５項に規定された商標登録を受けることができる一の商標登録出願人であるとは認められません。

　従って，この商標登録出願は，商標法第８条第２項又は第５項の要件を具備し

ておらず，商標登録を受けることはできません。

　ただし，この拒絶理由と同時に通知された協議命令に従って同日に出願された他の商標登録出願人又は国際商標登録出願人と協議を行い，協議が成立し，出願人が当該協議により商標登録を受けることができる一の商標登録出願人として定められた場合に，その結果を指定された期間内に届け出たときは，この拒絶理由によっては拒絶されません。

　また，指定した期間内に協議が成立した旨の届出がないときには，別途通知する期日に行われるくじによって，出願人が，商標登録を受けることができる一の商標登録出願人として定められた場合も，この拒絶理由通知によっては拒絶されません。

記

商願2021-999999
この通知書と同日に通知された協議命令書を参照してください。

(ii)　対応例

　協議命令に従い，同時に通知された他の出願人と協議を行うことになります。

　協議が成立した場合には，協議の結果届に協議証書を添付して提出します。これにより，協議により定めた出願人以外の者の出願は，商標法8条2項により拒絶されます。

　協議が成立しなかった場合，及び，協議の結果届が提出されなかった場合には，特許庁長官が行う公正な方法による「くじ」により，1の出願人を定めることとなります。

9　登録査定・拒絶査定

(1)　登録査定

　審査の結果，拒絶理由が見当たらなかった場合，又は，拒絶理由通知に対する応答により拒絶理由が解消した場合，審査官は登録すべき旨の査定（登録査定）を行います。

　登録査定を受領した場合には，所定期間内（謄本送達後30日以内）に特許庁

に「**登録料**」を納付しなければなりません。登録料を納付しなければ，商標権は発生しません。

(i)　納付金額

納付すべき商標登録料は以下のとおりです。

- 一括納付の場合：　区分数×32,900円（10年分）
- 分割納付の場合：　区分数×17,200円（5年ごと前期，後期）

※ 令和4年4月1日以降の料金です。

登録料は，10年分を**一括**して納付する他，5年ごとの**分割納付**が可能です。

5年分を納付する場合は，ライフサイクルが短いもの（ペットマークなど）について，5年後以降の費用を節約できるというメリットがあります。ただし，1年あたりの料金は割高になります。また，後期分の登録料の納付を忘れると，商標権存続期間満了前5年の日で権利は消滅しますので注意が必要です。

10年分を納付する場合は，分割納付の場合と比べて1年あたりの料金は割安になります。ただし，5年以内に使用しなくなった商標であっても，登録料の返還を請求することはできないため，結果として割高になってしまう場合があります。

(ii)　納付方法

128頁に記載の①〜⑤の方法により，納付することができます。

郵送により「商標登録料納付書」を提出する場合は，書面に特許印紙（郵便局で購入できます。収入印紙と間違えないようにしましょう）を貼付することにより，登録料を納付することができます。

(2)　拒絶査定

拒絶理由通知に対して出願人が何ら応答しなかった場合，若しくは，意見書等が提出されたものの，審査の結果，通知した拒絶理由が解消していないと判断された場合，審査官は拒絶をすべき旨の査定（**拒絶査定**）を行います。

　拒絶査定により審査は終了となりますが，拒絶査定の結果に不服がある場合には，審判請求（拒絶査定不服審判）を行い，行政庁における上級審としての判断を仰ぐことができます。

10　拒絶査定不服審判

(1)　概　要

　拒絶査定不服審判は，商標登録出願の審査の結果として示された審査官による拒絶査定に不服がある場合に，出願人が請求し，特許庁自らが拒絶査定の適否を審理し，瑕疵がある場合にはその拒絶査定を取り消す審判制度です（商標法44条）。

　請求期間は，拒絶査定謄本の送達日より3月以内であり，延長することはできません。

　審判を請求すると，特許庁において審判官が指定され，審判官3名（又は5名）からなる合議体による審理が行われます。

　審判における主張が認められた場合は，登録審決となり，登録料を納付することにより設定登録がなされ，商標権が発生します。一方，審判請求による主張によっても拒絶理由が解消しない場合は，拒絶審決となります。この場合，結果に不服があれば，更に知財高裁に出訴することができます。

　なお，審判が係属している間は，「手続補正書による指定商品等の補正」及び「出願分割」が可能です。これらの手続により拒絶理由が解消した場合には，審判は終結し，登録審決となります。そのため，これらの手続により登録が見込める場合は，これらの書面を提出することも検討すべきでしょう。

(2)　手　続

　拒絶査定不服審判を請求するには，特許庁に審判請求書を提出する必要があります。以下，審判請求書の作成例を示し（図2-16），作成要領を説明します。

■図2-16■審判請求書の記載例

```
【書類名】          審判請求書
【整理番号】         OO-××××
【提出日】          令和4年×月×日
【あて先】          特許庁長官　殿
【審判事件の表示】
　　【出願番号】       商願2021-123456
　　【審判の種別】      拒絶査定に対する審判事件
【商品及び役務の区分の数】　1
【審判請求人】
　　【識別番号】       ×××××××××
　　【氏名又は名称】     ○○株式会社
【手数料の表示】
　　【予納台帳番号】     ×××××
　　【納付金額】       55000
【請求の趣旨】        原査定を取り消す，本願商標は登録すべきものであると
                の審決を求める。
【請求の理由】
1．手続の経緯
　　・・・・・・・
　　・・・・・・・
```

(i)　手数料の表示

　不使用取消審判請求を行う際には，特許庁に対し審判請求手数料を納付する必要があります。

　　　金額：15,000円＋（区分の数×40,000円）

(ii)　請求の理由

　記載方法に方式的な決まりは特にありません。一般的には，次のような記載要領により作成します。

(a)　手続の経過

　「出願日」「拒絶理由通知書発送日」「意見書提出日」「補正書提出日」「拒

絶査定謄本発送日」「拒絶査定不服審判請求日」等を記載します。

⒝　**拒絶査定の要点**

拒絶査定で示された内容の要旨を記載します。

⒞　**立証の趣旨**

本論部分であり，本願商標が登録されるべき理由を述べます。具体的には，拒絶理由に対する応答と同様の反論を行います。

⒟　**結　び**

結論部分です。「よって，原査定を取り消す，本願商標は登録をすべきものである，との審決を求めます。」と記載します。

なお，「請求の理由」の欄に「追って補充」と記載し，後日，手続補正書により補充することもできます。

■図2-17■理由補充書の記載例

```
【書類名】          手続補正書
【整理番号】        00-××××
【提出日】          令和4年×月×日
【あて先】          特許庁長官　殿
【事件の表示】
    【審判番号】      不服2021-××××××
    【出願番号】      商願2021-123456
【補正をする者】
    【識別番号】      ×××××××××
    【氏名又は名称】  ○○株式会社
【手続補正1】
    【補正対象書類名】  審判請求書
    【補正対象項目名】  請求の理由
    【補正方法】        変更
    【補正の内容】
    【請求の理由】
1.　手続の経緯
    出願                  令和3年×月×日
    拒絶理由通知書（発送日）  令和3年×月×日
    意見書提出日            令和3年×月×日
    補正書提出日            令和3年×月×日
    拒絶査定（発送日）       令和4年×月×日
    審判請求書提出日        令和4年×月×日
2.　拒絶査定の理由の要点
    本願商標は，・・・・・・・
3.　立証の趣旨
    ・・・・・・・・
4.　結び
    よって，原査定を取り消す，本願商標は登録すべきものである，との審決を求
めます。
                                                          以上
【提出物件の目録】
    【物件名】      甲第×号証        1
```

11　登録料納付後の手続

　登録料を納付することにより，「商標権の設定の登録」がなされます。設定登録により商標権が発生し，10年間権利が存続します。設定登録後，「**商標登録証**」が権利者の元に届きます。登録証には，登録日及び登録番号が記載されています。

　そして，特許庁より商標掲載公報が発行され，①登録番号，②登録商標，③指定商品又は指定役務，④商標権者の住所及び氏名（名称）等の登録内容が公開されます。この登録に異議のある第三者は，公報発行日より2ヵ月以内に，その商標登録に対し異議を申し立てることができます。

　登録料を納付して一度権利が発生したとしても，5年後又は10年後に権利維持費としての**後期分納登録料**若しくは**更新登録料**を納付しなければ，権利は消滅してしまいます。登録時のように特許庁から権利維持費たる登録料の納付期限を通知してくれることはありませんので，気がついたら権利がなくなっていたという事態もあり得ます。

　従って，継続的に使用する商標については，その権利を維持するため，自社で，あるいは弁理士に依頼するなどして納付期限の管理を行い，期限を徒過することなく更新登録料等を納付できるようにしておく必要があります。

第3章

登録後の審判等の手続

I

審判手続の種類

　出願人が拒絶査定に不服がある場合や，第三者が商標権に異議がある場合，無効にすべき理由若しくは取り消すべき理由がある場合，特許庁に対し，審判を請求することができます。

　審判は，特許庁における上級審としての役割を果たすと共に，裁判所に対しては第一審としての役割を果たします。そのため，審判の結果に不服がある場合は，東京地裁ではなく，知財高裁に出訴することになります。

　審判手続としては，特許庁長官を相手取り，審査結果に対する不服を申し立てる審判（**査定系審判**）と，商標権者を相手取り，無効理由や取消理由があることを理由に商標権の消滅を請求する審判（**当事者系審判**）があります。

〈査定系審判〉
- 拒絶査定不服審判（44条）
- 補正の却下の決定に対する審判（45条）

〈異議申立〉
- 登録異議申立（43条の2）

〈当事者系審判〉
- 無効審判（46条）
- 不使用取消審判（50条）
- 商標権者による不正使用取消審判（51条）
- 使用権者による不正使用取消審判（53条）
- 権利移転に伴う不正使用取消審判（52条の2）
- 代理人等による不当登録等による取消審判（53条の2）

II

登録異議申立

1 概　要

(1) 制度の意義

　登録異議申立制度は，設定登録後，商標掲載公報に掲載された登録商標について，第三者が特許庁に対して異議を申し立て，その内容を再審理させる制度です（商標法43条の2）。

　申立期間は商標掲載公報発行日より2ヵ月以内であり，それ以後の申立は認められません。

(2) 手続の流れ

　異議申立書が特許庁に受理された後，その副本が権利者に送付されます。そして審判官が指定され，審理が行われます。

(i) 審理の結果，登録を認めるべきと判断された場合

　意見書等の書面の提出を要求されることなく審理が終結し，審判官により商標登録を維持すべき旨の決定（**維持決定**）が下されます。維持決定となった場合は，商標登録は有効なものとして取り扱われます。

　この維持決定に対しては，不服を申し立てることはできません。維持決定に不服がある第三者は，無効審判を請求することができます。

(ii)　審理の結果，取消理由が発見された場合

「取消理由通知」が通知され，意見書を提出する機会が与えられます。これに対し商標権者は，登録を認めるべきとする意見書を特許庁に提出することが可能です。

(iii)　更なる審理の結果，取消理由が解消しないと判断された場合

審判官により，商標登録を取り消すべき旨の決定（**取消決定**）が下されます。商標権者は，その取消決定に対し不服を申し立てることができます。

なお，取消決定が確定した場合は，商標権は初めから存在しなかったものとして，遡及消滅します。

2　手　続

■図3-1■商標登録異議申立書の記載例

```
┌──────────────────────────────────────────────┐
│  ┌──────┐          商標登録異議申立書                    │
│  │ 特 許 │                                          │
│  │ 印 紙 │                                          │
│  └──────┘                                          │
│  (11,000円)                          令和4年×月×日    │
│  特許庁長官殿                                        │
│  1. 登録異議の申立てに係る商標登録の表示                   │
│      商標登録番号 商標登録第×××××××号                │
│      指定商品又は指定役務並びに商品及び役務の区分            │
│      第3類                                          │
│      指定商品 全指定商品                               │
│  2. 商標登録異議申立人                                 │
│      住　所　　東京都千代田区丸の内×丁目×番地×号         │
│      氏　名　　○○株式会社                            │
│      代表者　　○○　○○                             │
│  3. 申立ての理由                                      │
│      本願商標は，第3類の指定商品を指定して，令和4年×月×日に出願され，│
│      令和4年×月×日に登録され，令和4年×月×日に商標公報が発行されたもの│
│      である。                                        │
└──────────────────────────────────────────────┘
```

> 　しかしながら，本件商標登録は，商標法第43条の2第1号の規定により取り消されるべきものである。なお，詳細な理由は追って補充する。
> 4．添付書類の目録
> 　⑴　商標登録異議申立書 副本2通

　登録異議申立については，オンラインでの手続を行っておらず，紙による提出のみとなっています。そのため，識別番号が付されている場合においても，住所の記載が必要です。

　指定商品又は指定役務の欄については，登録異議の申立の対象とする登録商標の指定商品（指定役務）中，異議申立の対象とする指定商品（指定役務）及びその区分（類）を記載します。

> 〈例1〉
> 一部の指定商品を指定する場合
> 第3類
> 指定商品　　　化粧品
> 〈例2〉
> 全ての指定商品を指定する場合
> 第3類
> 指定商品　　　全指定商品

　登録異議申立人の欄については，捺印が必要とされていましたが，新型コロナウイルス感染拡大防止や，デジタル社会への対応の観点から不要となりました。

　登録異議申立は何人も請求することができます。そのため，申立を希望する者の身元（法人名）が分からないように，関係者が個人名で請求をすることが，ごく一般に行われています。

　申立の理由の記載については，「追って補充」として，後日補正書により提出することもできます。ただし，申立期間（商標掲載公報発行日から2ヵ月）経過後30日以内に提出しなければなりませんので注意が必要です。

　証拠の提出については次の点に注意して記載します。

① 文書による場合は，該当箇所を枠で囲むかアンダーラインを付す。
　複数ページからなる文書を証拠とする場合であって，その一部を引用するときは，なるべく該当ページに付箋を付す。
② 証拠が外国文献の場合，必ず該当箇所の翻訳文を添付する。コピーによる文書を提出する場合は，鮮明なものとする。
③ 過度に多くの証拠を添付しない。

　提出先及び提出方法は，次のとおりです。

```
提出先　　　〒100-8915　東京都千代田区霞が関三丁目4番3号
　　　　　　　特許庁長官　宛
提出方法　　郵送又は直接提出
```

III

無効審判

1 概　要

(1)　制度の意義

　無効審判は，登録された商標に対し，利害関係を有する者がその無効を主張して当事者間でその権利の有効性を争う制度（商標法46条）です。

(2)　手続の流れ

　審判請求書が特許庁に受理された後，副本が商標権者に送付されます。副本を受領した権利者は，指定された期間内（請求書副本発送の日から40日以内）に答弁書を特許庁に提出します。その間に審判官が指定され，審理が行われます。

　請求人は，権利者による答弁書に対して弁駁書を提出して反論を行うこともできます。

　加えて，審判官の指揮の下，請求人・被請求人が直接審判廷に出廷して，口頭審理が行われることもあります。その場合には，事前に審判官から審理事項通知が両当事者に送付され，当事者は口頭審理陳述書を提出することとなります。

　なお，口頭審理については，令和3年10月より，新型コロナウイルス感染拡大防止や，デジタル社会への対応の観点から，審判長の判断で，審判廷に出頭することなく，当事者がWeb会議システムを通じて口頭審理に関与できるようになりました。

　このオンラインによる出頭は，全当事者がオンライン出頭とすることも，また，一当事者側のみがオンライン出頭することも可能です。さらに，一部の者がオンライン出頭し，残りの者が審判廷に出頭することも可能です。

　審理が終結した場合，審理終結通知が通知されると，審理が再開されない限り，当事者が更なる主張や証拠の提出をしても考慮されません。なお，法律上，審理終結通知から20日以内に審決がされることとなっています。

２ 手 続

■図3-2■審判請求書の記載例

特 許 印 紙	審判請求書

（55,000円）　　　　　　　　　　　　　　　　　　　令和4年×月×日

特許庁長官殿

1. 審判事件の表示
　　商標登録第×××××××号無効審判事件
2. 請求人
　　住　　所　　東京都千代田区丸の内×丁目×番地×号
　　氏　　名　　○○株式会社
　　代表者　　○○　　○○
3. 被請求人
　　住　　所　　東京都○○区×丁目×番地×号
　　氏　　名　　株式会社○○
4. 請求の趣旨
　　商標登録第×××××××号の指定商品中，「・・・・・」の登録を無効とする，審判費用は被請求人の負担とする，との審決を求める。
5. 請求の理由
　(1) 請求の理由の要約
　　　商標法第4条第1項第×号（商標法第46条第1項第1号）
　　　・・・・・・・
6. 証拠方法

```
      甲第１号証    ・・・・・・
      甲第２号証    ・・・・・・
  7. 添付書類の目録
    (1)  甲第１号証乃至甲第×号証          各１通
    (2)  審判請求書副本                2通
```

　審判事件の表示には，「商標登録第×××××××号無効審判事件」と記載します。

　「請求の趣旨」の欄には，一部の指定商品・役務について無効とすることを求める場合には，例えば，「商標登録第×××××××号の指定商品・役務中，「○○機械器具，○○通信機械器具……」についての登録を無効とする，審判費用は被請求人の負担とする，との審決を求める。」と記載します。

　また，全ての指定商品・役務を無効にすることを求める場合は，「商標登録第×××××××号の登録を無効とする，審判費用は被請求人の負担とする，との審決を求める。」と記載します。

　請求の理由の記載については，「追って補充」として，後日補正書により提出することもできます。

③ 無効審判を請求できる者

　無効審判は，利害関係人のみが請求できます。そのため，登録異議申立のように，いわゆるダミーを使った請求をすることはできません。なお，利害関係人に該当する者としては，例えば，商標権者より警告を受けている同業者や，その登録商標を引用した拒絶理由通知を受けている出願人などが該当します。

④ 請求できる無効理由

　請求できる無効理由としては，原則として拒絶理由と同じ理由が規定されています。ただし，方式的な拒絶理由や商標法６条違反については無効理由とされていません。

　反対に，先願違反（商標法8条），冒認登録については無効理由とされています。また，一部の無効理由については，登録後，後発的に無効理由が発生した場合においても，権利を無効にすることができるよう規定されています。

　なお，後発的無効理由以外の無効理由は，登録すべき旨の査定又は審決時を基準として，無効理由に該当するか否かが審理されます（ただし，商標法4条3項に係る規定の判断基準時は，出願時及び登録すべき旨の査定又は審決時となります）。

5　請求できる時期・範囲

　無効審判は，登録後であれば原則としていつでも請求することができます。存続期間が満了して権利が消滅したものに対しても，請求をすることができます。

　ただし，特定の無効理由については，設定登録後5年を経過すると無効審判の請求ができなくなります。具体的には，識別性（商標法3条），他人の氏名又は名称など（商標法4条1項8号），先行登録商標（商標法4条1項11号），周知商標（商標法4条1項10号。ただし，不正競争の目的で商標登録された場合を除きます），先願主義（商標法8条）などがあります。商標は使用により信用が化体するものであるため，一定期間登録されているものについては，その既存の法律状態を維持すべきとされているためです。

　また，無効審判は，指定商品又は指定役務ごとに請求することができます。権利は法律上，指定商品・指定役務ごとに設定されているからです。

6　効　果

　審理の結果，無効にすべきと判断された場合には，**無効審決**が下されます。無効審決に対しては，被請求人（商標権者）は知財高裁に不服を申し立てることができます。

　無効審決に対し何ら手続をとらなければ，審決は確定し，商標権は遡及消滅します。また，いわゆる後発的無効理由について無効が確定すると，商標権は

後発的無効理由が該当するに至ったときから存在しないものとされます。その該当するに至った日が不明である場合は，無効審判請求登録の日に遡って消滅するとの取扱いがなされています。

　一方，審理の結果，無効にすべきでないと判断された場合には，**登録を維持する旨の審決**が下されます。認容審決に対して，請求人は知財高裁に不服を申し立てることができます。

　なお，審判請求した指定商品又は指定役務の一部については無効にすべきと判断され，その他については登録を維持すべきと判断された場合には，その一部の指定商品又は指定役務についての登録を無効とし，その他の指定商品又は指定役務の登録を維持する審決がなされることもあります。

IV

不使用取消審判

1　概　要

(1)　制度の意義

　不使用取消審判は，継続して3年以上日本国内において商標権者等が各指定商品又は指定役務について登録商標の使用をしていない場合に，何人も請求によりその商標登録を取り消すことができる制度（商標法50条）です。

　拒絶理由通知で引用された登録商標に対して不使用取消審判を請求し，引用商標を取り消すことにより拒絶理由を解消するという目的でよく利用されています。

(2)　手続の流れ

　審判請求書が特許庁に受理された後，副本が商標権者に送付されます。副本を受領した権利者は，指定された期間内（請求書副本発送の日から40日以内）に答弁書を特許庁に提出し，登録商標を審判請求された指定商品又は指定役務について使用していることを証明します。また，権利者は，登録商標を使用していないことに正当な理由があるときは，その正当な理由があることを証明することもできます。ただし，特許庁の運用では，この理由に該当する場合としては，例えば，天災地変等によって工場等が損壊した結果使用できない場合などとされています。その間に審判官が指定され，審理が行われます。

　請求人は，権利者による答弁書に対して弁駁書を提出して反論を行うことができます。

　加えて，審判官の指揮の下，請求人・被請求人が直接審判廷に出廷して，口頭審理が行われることもあります。その場合には，事前に審判官から審理事項通知が両当事者に送付され，当事者は口頭審理陳述要領書を提出することとなります。

　なお，口頭審理については，無効審判の口頭審理と同様に，令和3年10月より，新型コロナウイルス感染拡大防止や，デジタル社会への対応の観点から，審判長の判断で，審判廷に出頭することなく，当事者がWeb会議システムを通じて口頭審理に関与できるようになりました。

　審理が終結した場合，審理終結通知が通知されると，当事者が更なる主張や証拠の提出をしても考慮されません。なお，法律上，審理終結通知から20日以内に審決がされることとなっています。

2 手　続

■図3-3■審判請求書の記載例

```
┌─────────┐
│ 特 許   │                審判請求書
│ 印 紙   │
└─────────┘
(55,000円)                              令和4年○月○日
特許庁長官殿
 1．審判事件の表示
    商標法第50条の規定による商標登録第×××××××号取消審判事件
 2．請求人
    住　所    東京都千代田区丸の内×丁目×番地×号
    氏　名    ○○株式会社
    代表者    ○○　○○
 3．被請求人
    住　所    東京都○○区×丁目×番地×号
    氏　名    株式会社○○
 4．請求の趣旨
    商標登録第×××××××号の指定商品中，「‥‥‥」については，その登録
    を取り消す，審判費用は被請求人の負担とする，との審決を求める。
```

5. 請求の理由
　　本件商標は，継続して3年以上日本国内において商標権者，専用使用権者又は通常使用権者のいずれもが請求に係る指定商品についての登録商標の使用をしていないものであるから，その登録は商標法第50条の規定により取り消されるべきものである。
6. 添付書類の目録
　(1)　審判請求書副本　　　　　　2通

　審判事件の表示には，「商標法第50条の規定による商標登録第×××××××号取消審判事件」と記載します。

　「請求の趣旨」の欄には，一部の指定商品・役務について取り消すことを求める場合には，例えば，「商標登録第×××××××号の指定商品・役務中，「○○機械器具，○○通信機械器具……」についての登録を取り消す，審判費用は被請求人の負担とする，との審決を求める。」と記載します。

　また，全ての商品・役務を指定する場合は，「商標登録第×××××××号の登録を取り消す，審判費用は被請求人の負担とする，との審決を求める。」と記載します。

　請求の理由の記載については，「追って補充」として，後日補正書により提出することもできますが，不使用取消審判については，不使用である理由を述べる必要もないため，「追って補充」とすることは実務上ありません。

3　不使用取消審判を請求できる者

　何人も請求することができます。そのため，第三者を立てて，真の請求人が分からない態様で審判請求を行うこと（いわゆるダミーによる審判請求）が可能です。

4　請求できる時期・範囲

　登録後3年以降であれば，原則としていつでも請求することができます。ただし，その効果は以下 6 のとおり，将来効であるため，存続期間が満了して消

滅した権利に対しては，請求することができません。

5　登録商標の使用を証明する場合のポイント

　権利者は，上述のとおり，答弁書において登録商標の使用の証明を求められるところ，その証明すべきポイントは以下のとおりです。

(1)　登録商標の使用であること

　商標法では，登録商標と同一の商標について「①書体のみに変更を加えた同一の文字からなる商標，②平仮名，片仮名及びローマ字の文字の表示を相互に変更するものであって，同一の呼称及び観念を生ずる商標，③外観において同視される図形からなる商標，④その他の当該登録商標と社会通念上同一と認められる商標」と定めています。

　例えば，特許庁の審判便覧53-01T によれば，上述の①としては明朝とゴシック相互間の使用や，ローマ字の大文字と小文字の相互間の使用，②としては「ちゃんぴおん」と「チャンピオン」の相互間の使用や，「アップル」と「apple」の相互間の使用，④としては「はつゆめ」と「初夢」の相互間の使用や，横書きの「永い春」と縦書きの「永い春」の相互間の使用などは同一と認めるとしています。詳細は，当該審判便覧を参照してください。

　また，ここで証明しなければならない「使用」は，商標法2条3項に定められている「使用」でなければなりません。このため，仮に，審判請求されたのが指定商品の取消ならば，同項1号・2号・8号・9号に該当する「使用」でなければなりません。そのため，その商標は，商品自体や商品の包装に表示されていたり，商品の広告，価格表，取引書類（又はこれらを内容とする情報）等に表示されているものとなります。また，審判請求されたのが指定役務の取消ならば，同項3号ないし9号に該当する「使用」でなければなりません。

(2)　使用商品・役務が審判請求に係る指定商品又は指定役務であること

　権利者は，審判請求された指定商品又は指定役務の全てについて登録商標を使用していることを証明する必要はありませんが，少なくとも，使用商品・役

務が審判請求に係る指定商品又は指定役務のいずれかに該当することを証明しなければなりません。

(3)　審判請求の登録前3年以内の使用であること

　審判請求がなされると，特許庁では，商標登録原簿に審判請求の事実を登録します。権利者が登録商標の使用を証明しなければならないのは，当該登録した日（商標登録原簿で確認できます）前3年以内の期間に登録商標の使用をした事実です。すなわち，その登録が仮に，令和3年（2021年）10月25日の場合は，平成30年（2018年）10月25日から令和3年（2021年）10月24日までの間の使用を証明する必要があります。

　このため，例えば，新聞広告で証明をしようとする場合は，その発行日が分かるように新聞広告の写しを提供します。

(4)　使用者が商標権者，専用使用権者又は通常使用権者であること

　登録商標の使用者は，商標権者，専用使用権者又は通常使用権者のいずれかでなければなりません。このため，例えば，商品の包装等にこれらの者が製造元や販売元として表示されていた場合は，それらの記載が分かるように包装の写しを提出します。また，通常使用権者の場合，商標登録原簿には登録されていないことも多いと思われますので，そのような場合は，登録商標の使用許諾契約書の写しなどを併せて提出して，通常使用権者であることを明らかにします。

6　効　果

　審判請求に対し，商標権者が答弁書の提出を行わなかった場合には，登録を取り消す旨の審決が下され，商標権は審判請求の登録の日に消滅したものとみなされます。

　一方，商標権者が答弁書の提出を行った場合には，その答弁書は，請求人に送付され，反論のための弁駁書を提出する機会が設けられます。そして，その答弁書や弁駁書等の内容及び使用の証拠等が審判官により審理されます。審理

は，**書面審理**の他，前述のとおり，双方が特許庁に出頭して行う**口頭審理**が行われる場合もあります。なお，令和3年10月より，Web会議システムを通じて口頭審理に関与できるようになったことは上述のとおりです。

　審理の結果，請求に係る商標の指定商品等への使用が認められた場合には，商標登録は維持される審決がなされます。一方，請求に係る商標の指定商品等への使用が認められない場合には，商標登録を取り消すべき審決がなされます。特に，不使用取消審判においては，登録商標の使用の証明は権利者が行うべきこととされており，権利者がその証明をしないときは，上述の不使用の正当理由の存在を明らかにしない限り，商標登録は取消されることとなります。

　いずれの審決に対しても，請求人及び被請求人は知財高裁に不服を申し立てることができます。

V

その他の審判

1　商標権者による不正使用取消審判

　商標権者による不正使用取消審判は，商標権者が，故意に商品（役務）の品質の誤認を生ずるような使用を行った場合や出所の混同を生ずるような使用を行った場合に，その制裁としてその登録を取り消すことができる制度（商標法51条）です。

(1)　請求の要件

　この審判は，以下の要件を満たした商標権者に対し請求することができます。

> ・商標権者の使用が不正使用に該当すること
> ・故意で不正使用を行っていること
> ・類似の範囲について不正使用を行っていること

　ここでいう不正使用とは，商品の品質若しくは役務の質の誤認，又は他人の業務に係る商品若しくは役務と混同を生ずるような使用をしていることをいいます。ただし，単に劣悪な商品や役務を提供することや，登録商標の指定商品（指定役務）についての使用に対しては，審判請求の対象外となっています。

(2)　不正使用取消審判を請求できる者

　この審判は公衆の保護を図る制度であることから，何人も請求することができます。そのため，第三者を立てて，真の請求人が分からない態様で審判請求

を行うこと（いわゆるダミーによる審判請求）が可能です。

(3)　請求できる時期・範囲

権利存続中であれば，原則としていつでも請求することができます。ただし，誤認・混同の事実がなくなって5年が経過した場合は，請求することができません。

(4)　審決の効果

審理の結果，請求が認容され，取消審決が下され，その審決が確定した場合には，商標権はその後消滅します。加えて，その商標権者であった者は，審決の確定日から5年を経過した後でなければ，その指定商品（指定役務）又は類似商品（役務）について，登録商標や類似の商標の商標登録をすることはできません。

一方，棄却審決が下された場合には，商標登録は維持されます。

いずれの審決に対しても，請求人及び被請求人は知財高裁に不服を申し立てることができます。

❷　使用権者による不正使用取消審判

使用権者による不正使用取消審判は，使用権者が，品質の誤認や出所の混同を生ずるような使用を行った場合に，その制裁としてその登録を取り消すことができる制度（商標法53条）です。

(1)　請求の要件

この審判は，以下の要件を満たした商標権者に対し請求することができます。

- 使用権者の使用が不正使用に該当すること
- 同一又は類似の範囲について不正使用を行っていること

ここでいう不正使用とは，商品の品質若しくは役務の質の誤認，又は他人の

業務と係る商品若しくは役務と混同を生じるような使用をしたことをいいます。

　ただし，商標権者がその事実を知らなかった場合において，相当の注意をしていたときは除かれます。

⑵　不正使用取消審判を請求できる者

　この審判は公衆の保護を図る制度であることから，何人も請求することができます。そのため，第三者を立てて，真の請求人が分からない態様で審判請求を行うこと（いわゆるダミーによる審判請求）が可能です。

⑶　請求できる時期・範囲

　権利存続中であれば，原則としていつでも請求することができます。ただし，誤認・混同の事実がなくなって5年が経過した場合は，請求することができません。

⑷　審決の効果

　審理の結果，請求が認容され，取消審決が下され，その審決が確定した場合には，商標権はその後消滅します。加えて，その商標権者又は使用権者であった者は，審決の確定日から5年を経過した後でなければ，その指定商品（指定役務）又は類似商品（役務）について，登録商標や類似の商標の商標登録をすることはできません。一方，請求が認められず，棄却審決が下された場合には，商標登録は維持されます。

　いずれの審決に対しても，請求人及び被請求人は知財高裁に不服を申し立てることができます。

❸　権利移転に伴う不正使用取消審判

　権利移転に伴う不正使用取消審判は，分離移転及び分割移転により権利者が異なるものとなった場合において，出所の混同を生ずるような使用を行った場合に，その制裁としてその登録を取り消すことができる制度（商標法52条の2）です。

(1)　請求の要件

この審判は，以下の要件を満たした商標権者に対し請求することができます。

- 移転された結果，類似の範囲の登録商標に係る商標権が異なる商標権者に属することとなったこと
- 被請求人側の登録商標が不正競争の目的で使用されていること
- 出所の混同が生じていること

(2)　不正使用取消審判を請求できる者

何人も請求することができます。そのため，第三者を立てて，真の請求人が分からない態様で審判請求を行うこと（いわゆるダミーによる審判請求）が可能です。

(3)　請求できる時期・範囲

権利存続中であれば，原則としていつでも請求することができます。ただし，出所の混同の事実がなくなって5年が経過した場合は，請求することができません。

(4)　審決の効果

審理の結果，請求が認容され，取消審決が下され，その審決が確定した場合には，商標権はその後消滅します。加えて，その商標権者であった者は，審決の確定日から5年を経過した後でなければ，その指定商品（指定役務）又は類似商品（役務）について，登録商標や類似の商標を商標登録することはできません。一方，請求が認められず，棄却審決が下された場合には，商標登録は維持されます。

いずれの審決に対しても，請求人及び被請求人は知財高裁に不服を申し立てることができます。

4 代理人等による不当登録についての取消審判

外国の商標権者等の承諾なく，その代理店等が商標登録を行った場合に，その登録を取り消すことができる制度（商標法53条の2）です。

(1) 請求の要件

この審判は，以下の要件を満たした場合に請求することができます。

〈請求人適格〉
- 請求人が，取消審判を請求しようとする商標と同一又は類似の権利を有していること
- 請求人が，外国で商標登録を受けていること
- 請求人が，パリ条約の同盟国，WTO加盟国，商標法条約の加盟国の国民であること

〈その他の要件〉
- 被請求人が，日本での代理店，特約店，委託販売業者又は過去1年以内に代理店などであったこと
- 被請求人が，正当な理由なく，かつ無断で商標登録をしたこと

(2) 請求できる時期・範囲

商標権の設定登録から5年が経過した場合は，請求することができません。

(3) 審決の効果

審理の結果，請求が認容され，取消審決が下され，その審決が確定した場合には，商標権はその後消滅します。一方，請求が認められず，棄却審決が下された場合には，商標登録は維持されます。

いずれの審決に対しても，請求人及び被請求人は知財高裁に不服を申し立てることができます。

第4章

商標権のマネジメント

I

商標権のマネジメントで必要な視点

　商標権は，取得できたら終わりというものではありません。むしろ取得でき
てからが始まりともいえるものです。

　商標権は，上述したように，いったん登録できたとしても，その後に，取り
消されたり，無効になったりして，消滅することがあります。このように，権
利が消滅してしまうと，第5章で説明する侵害に対する対応も原則としてでき
なくなります。そのため，商標権を取得した後に，その**商標権をマネジメント**
していくことが非常に重要となります。

　また，商標権のマネジメントを行う際には，単に商標権が消滅しないように
するといった面だけが必要なわけではありません。実際のビジネス活動と連動
し，その商標権がビジネスに貢献しているかのチェックを行い，必要に応じた
対応をしていくことが肝要です。

　特に，ビジネスのライフサイクルが早くなっている今日においては，この
「マネジメント」を単なる「管理」と捉え，静的，受動的な対応だけを行うと
いうのでは不十分です。経営，ビジネスと直結し，動的で，能動的な対応を行
うという意識が必要といえます。そのため，ここでは，「管理」という言葉で
はなく，能動的な対応，活動につなげる意図も込めて，あえて「マネジメン
ト」という言葉を使っています。

　ここで，近年のビジネスの現場に目をやると，ブランドの重要性が叫ばれて
います。そして，ブランド戦略，ブランドマネジメントといったブランドに関
係する言葉をよく見かけるようになっています。そのため，商標権のマネジメ
ントを行う際には，このブランドと商標（権）との関係を整理しておくことが
有益です。

　この「ブランド」という言葉は，「自身の商品やサービスと他者の商品や

サービスとを識別する標識」というように「商標」と同様の意味で使われることがあります。一方，今日では「顧客に対する約束」というように「商標」の意味を超えた意味で使われることもあります。すなわち，「ブランド」は，その言葉を使う人や使う場面によって表す意味が異なり，一律に意味が定まっているものではなくなってきています。

　ただ，近年では，序章で説明した法律上の「商標」よりも広い意味で使われることが多いといえます。例えば，自社の社長が「ブランド力の向上」，「ブランド価値を高める」という場合，そこでの「ブランド」が表す意味は，単なる「商標」のことだけを表すのではないでしょう。そこでの「ブランド」は，「顧客からの信頼」といったより広く，大きな意味で使われていると考えられます。

　そこで，このような現状を踏まえ，「ブランド」と「商標」との関係を図で簡単に表すと，例えば次のようになります。

■図4-1■ ブランド構成要素の例

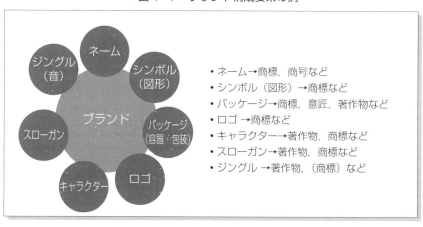

・ネーム→商標，商号など
・シンボル（図形）→商標など
・パッケージ→商標，意匠，著作物など
・ロゴ →商標など
・キャラクター→著作物，商標など
・スローガン→著作物，商標など
・ジングル →著作物，（商標）など

　上記の図のうち，「ブランド」を取り囲んでいる「ネーム」「シンボル」「パッケージ」「ロゴ」等をブランドを構成する要素，すなわち「ブランド構成要素」といいます。このブランド構成要素は，ブランドが表す，又は伝えたい少し抽象的な内容を顧客や従業員などの利害関係者に伝えるために用いられるものとなります。そして，この具体的なブランド構成要素のそれぞれが，商標などの知的財産に該当します。ビジネスの結果として蓄積される信用は，これらのブ

ランド構成要素に蓄積されていくこととなります。

　要するに，**商標（権）をマネジメント**するということは，**ブランド構成要素である商標をマネジメント**することです。そして，最終的には，ブランド自体のマネジメント，言い換えれば，そのブランドが目指す目標へ導くための活動を行うことを意味します。

　商標（権）をマネジメントするにあたっては，大まかには，**商標権，ブランドの価値を保つ**という側面と，**商標権，ブランドの価値を高める**という側面に分けることができます。以下，これらの側面ごとに説明します。

II
商標権，ブランドの価値を
保つために行うべきこと

　商標権，ブランドの価値を保つためには，端的に言うと，**商標権が消滅しないようにすることが必要**となります。商標権が消滅してしまうと，原則として，他者に対しても，自社に対してもその権利の効果を発揮させることができなくなります。

　すなわち，その商標を使用した模倣品を他者が販売等した場合でも差止め等の権利行使をすることができません。また，自らその商標を使用したビジネスを行った場合には逆に他者から権利侵害として訴えられるおそれも出てきてしまいます。

　このような状況では，顧客等との関係を適切に保つこともできず，ブランドの価値を保ち，高めるどころか，その価値を減少させてしまうことになります。

　商標権が消滅してしまう場合としては，大きく次の３つがあります。商標権者は，これらの場合に該当してしまい，商標権が消滅してしまわないように留意する必要があります。以下，それぞれについて説明します。

---

① 登録料を納付せず，又は更新せずに消滅してしまう場合
② 他者から請求された取消審判の結果，消滅してしまう場合
③ 他者から申立された異議申立，又は請求された無効審判の結果，消滅してしまう場合

1　登録料を納付せず，又は更新せずに消滅してしまう場合

(1)　後半の残り5年分の登録料

　商標権者は，第2章で述べたように，商標登録をする（商標権を取得する）ためには，登録料を納付する必要があります。この登録料を納付すれば，10年の権利期間が認められます。一方，10年の権利期間分の登録料の納付の方法としては，10年分の一括納付の方法か，5年分の分割納付の方法かを選択できます。

　なお，この登録料の納付方法は，商標権の設定の場合だけでなく，10年の権利期間経過時に納付する更新のために必要な登録料の場合にも該当します（商標法41条の2第1項及び同第2項）。

　そして，5年分の分割納付を選択した場合，原則として，**後半の残り5年分の登録料**を商標の登録日から5年経過するまでに納付する必要があります。この後半分の登録料を納付しないときには，その商標権は，半分の5年間だけの権利とされ，消滅してしまいます（商標法41条の2第4項）。

　そのため，この後半分の登録料を支払うことを忘れないようにするために，社内の担当者が異なるようになった場合でも登録料納付期限をしっかりと管理する必要があります。また，忘れないようにするためには，その期限を知らせてくれる仕組みを持つべきでしょう。なお，特許庁はこのような期限を知らせてはくれませんので，より注意が必要です。

　後半分の商標登録料の納付の様式については，特許庁 HP「納付書，移転申請書等の様式（紙手続の様式）」(https://www.jpo.go.jp/system/process/toroku/touroku_youshiki.html) をご参照ください。

　一方，現在使用しなくなり，将来の使用の見込みもない商標については，後半分の登録料を支払わないことで，無駄な費用を削減することができます。

(2)　更新手続

　商標権者には，上述のように，登録から10年の権利期間が認められます。ま

た，10年ごとに**更新手続**を行うことで，半永久的に権利を保つことができます。例えば，100年以上続いている商標権としては，明治36（1903）年9月7日に登録された商標「富貴」（登録第2081号，商標権者：合同酒精株式会社，指定商品：清酒）が現存しています。

　一方，この**更新手続**も，一定期間内に行う必要があります。また，上記後半分の登録料の場合と同様に，特許庁は**更新手続**の期限を知らせてはくれません。そのため，更新手続の期限を忘れないようにするために，社内の担当者が異なるようになったときでも更新手続期限をしっかりと管理する必要があります。また，忘れないようにするためには，その期限を知らせてくれる仕組みを持つべきでしょう。

　商標登録の更新登録申請の様式については，同HP「商標権存続期間更新登録申請書」（https://www.jpo.go.jp/system/process/toroku/touroku_youshiki.html）をご参照ください。

　なお，現在使用しなくなり，将来の使用の見込みもない商標については，更新手続を行わないことで無駄な費用を削減することができます。

　また，商標権の範囲が広く不要な区分がある場合，その不要な区分を減らすことで無駄な費用を削減することができます。

2　取消審判の結果，消滅してしまう場合

　第3章で述べたように，商標登録後に，所定の条件を満たす場合には，その登録が取り消され，商標権が消滅してしまうことがあります。

　この取消審判には大きく3つ，**不使用取消審判**，**不正使用取消審判**，**代理人等による不当登録等による取消審判**があります。

　商標権者がこれらの取消審判を他者から請求されることで商標登録が取り消されないようにするための注意点を以下，簡単に説明します。

(1)　不使用取消審判

　この取消審判は，商標法の中で最も頻繁に行われる審判です。特許行政年次報告書2021年版によれば，全ての取消審判の年間請求件数は，過去5年間平均

で1,002件でした。後述の不正使用取消審判と代理人等による不当登録等による取消審判はあまり多くはありません。

そのため，**不使用取消審判**は少なくとも平均すると年間1,000件程度は請求されていると考えられます。年間365日から土日祝日の約120日を除くと約245日（平日）なので，平均すると毎日（平日）約4件の不使用取消審判が請求されているといえます。なお，過去5年間の請求成立率は，約78％です。

商標権者は，このように頻繁に請求される**不使用取消審判**において，自身の商標登録が取り消されないようにするためには，答弁書を提出する必要があります。また，この答弁書で反論するために，登録されている商標の使用状況を定期的にチェックし，その使用の証拠を明瞭な日付とともに確保しておくことが必要といえます。なお，商標権者だけでなく，使用権者による使用も認められます。そのため，使用権者の使用も定期的にチェックすることが必要でしょう。

実務上の経験を踏まえると，この不使用取消審判で商標登録が取り消されてしまうのは，全く使用されていなかった場合を除くと，大きく次の4つの場合が挙げられます。

---

① 使用している商標と登録している商標が異なってしまっている場合
② 商標を使用している商品やサービスと登録している商品やサービスが異なってしまっている場合
③ 登録された商標を登録された商品やサービスには使用しているが，年月日が明瞭でない，又は直近3年間の使用でない場合
④ 不使用取消審判の請求前の一定期間の駆け込み使用の場合

このうち，①及び②は，ケースバイケースで非常に専門的な判断が必要になってきます。そのため，これらの場合には専門家に相談されるのが望ましいでしょう。また，③について，年月日が明示された商品やサービスのカタログで広く配布されているものであれば大きな問題はありません。

しかし，過去のインターネット上の利用だけの場合や年月日が明瞭でない場合等の使用証拠については，やはりかなり専門的な判断になります。

そのため，このような場合には，やはり専門家に相談されるのがよいでしょ

う。④について，具体的には，不使用取消審判の請求日前3月からその審判の請求の登録（審判請求がなされたことを商標登録の原簿に登録して公示するために行われます）の日までの間に行われた商標の使用が認められないことがあります。

　相手方がこの審判を請求することを知って，駆け込み的に使用することは原則として認められていません。そのため，商標を使用していたとしても，この駆け込み使用にあたらないかその使用時期等に注意する必要があります。

(2)　不正使用取消審判

　この取消審判は，その不正使用を行う者，行う場面に応じて，第3章で述べたように，大きく3つ，**商標権者による不正使用取消審判**，**使用権者による不正使用取消審判**，**権利移転に伴う不正使用取消審判**が該当します。

　実務上の経験を踏まえると，これらの不正使用取消審判で商標登録が取消になる場合は，他者の有名な（周知著名な）商標が関係していることがほとんどです。

　例えば，知財高裁平成19年2月28日判決・平成18年（行ケ）10375号では，次の状況に基づき，その商標登録が**使用権者による不正使用**に基づき取り消されています。

■図4-2■不正使用で取り消された商標の例

登録商標 (取消された商標)	使用商標 (取消原因の不正使用)	他者の有名な商標 (引用商標)
イブペイン 〔薬剤など〕	 〔鎮痛・解熱剤〕	EVE イブ 〔鎮痛・解熱剤〕

　このように，他者の有名な商標を自身の商標に含む場合には，たとえ，いったん商標登録されたとしても，その後の使用態様にはかなりの注意を要します。

　そのため，このような商標の場合には，自社独自の信用を蓄積し，ブランド力を向上させていくのは難しいことが多いでしょう。商標の採択時の狙いにもよりますが，このような商標の場合には，そもそももっと別の商標の採択が考えられてもよいといえます。

　商標権者は，**不正使用取消審判**において，自身の商標登録が取り消されないようにするためには，答弁書を提出する必要があります。

(3)　代理人等による不当登録等による取消審判

　この取消審判は，上述の他の取消審判とは少し性質が異なります。この取消審判では，そもそも海外の他者の商標権が存在し，かつその海外の権利者と代理人等の特別な関係がある場合を想定したものとなっています。例えば，海外の良い製品を日本に輸入，販売する場合に，日本での代理店契約を締結，継続したいときがあります。

　このようなときに，その交渉材料として，商標登録が行われることがあります。しかし，海外の権利者の承諾を得ずに，商標登録をしてしまうと，本取消審判に該当する可能性が出てきます。

　海外製品を取り扱ったビジネスを行う場合，その海外の製品メーカーのブランド力を向上させることになるのが多いといえます。そのため，その基礎となる商標権が意図せずに消滅させられないように，海外の権利者と日本での商標登録についての合意書を締結しておくのが望ましいでしょう。

　なお，海外製品を取り扱ったビジネスを行う場合であっても，自社独自の信用も築いていきたいときには，契約条件が許せば，海外の権利者の商標とは別の商標も使用していくことが良いでしょう。

　商標権者は，**不当登録等による取消審判**において，自身の商標登録が取り消されないようにするためには，答弁書を提出する必要があります。

③ 異議申立・無効審判の結果，消滅してしまう場合

　上述の取消審判により商標権が消滅する場合はその取消後に権利が将来に向かって消滅します。これに対して，**異議申立及び無効審判**により商標権が消滅する場合は権利が遡って消滅（遡及消滅）することになります。

　要するに，異議申立及び無効審判により商標権が消滅してしまう場合には，最初から商標権がなかったことと同じになります。そのため，その商標権があることを前提にした種々の契約等が意味をなさなくなり，場合によっては損害賠償を請求されるおそれさえ出てきます。特に，他者の有名な商標の存在を理由に，商標権が遡及消滅してしまった場合には，このリスクは大きくなるので注意が必要です。

　商標権者は，ブランドの価値を保つためにも，異議申立及び無効審判により商標権が消滅することはどうしても避けたいところです。

　商標権者は，**異議申立**及び**無効審判**において，自身の商標登録が取り消されないようにするためには，意見書（異議申立の取消理由に該当し，取消理由が通知された場合にのみ提出必要）又は答弁書を提出する必要があります。

　なお，商標権は，登録日から５年を経過すると，不正競争や不正の目的がない限り，遡及消滅することはありません。そのため，登録日から５年間は，特に，自身の商標権が遡及消滅しないか，より注意しておく必要があるでしょう。

　異議申立と無効審判の成功率等について，上述の特許行政年次報告書2021年版によれば，過去５年間（2016年から2020年）平均で，次のような状況にあります。

■図4-3 ■異議申立・無効審判の数

	申立又は 請求件数／年	成功率 (取下・放棄除く)	不成功率
異議申立	約407件	約12%	約80%
無効審判	約91件	約39%	約50%
(参考) 取消審判	約1,002件	約78%	約10%

　異議申立が無効審判よりも申立件数が多いですが，成功率が低いのは，次の理由が影響していると考えられます。**異議申立**は，何人も申立ができ，容易に申し立てることができます。

　また，特許庁の再審査的な性質のために，特許庁自らが非を認める（上記の成功率に該当することとなります）ような判断はなされにくいからだと考えられます。

　これに対して，**無効審判**は，法的な利害関係人のみが請求でき，誰でも請求できるわけではありません。また，当事者の紛争解決的な性質のために，十分な証拠も準備され，その証拠に基づく判断がなされるからだと考えられます。

　なお，取消審判の成功率が高いのは，取消審判のほとんどを占めると予想される不使用取消審判の成功率が高いことが影響していると考えられます。

III
商標権，ブランドの価値を
高めるために行うべきこと

　前記Ⅱでは，商標権者が商標権，ブランドの価値を保つために，商標権が消滅しないようにすることについて説明しました。確かに，これらの価値を保つことは非常に重要です。しかし，同様にそれらの価値を高めるという意識と活動もとても重要です。

　商標権者がこれらの価値を高めるためには，単に商標権を維持するだけでは不十分です。**商標権を積極的に使用，活用等していくことが必要**です。この対応の方法としては，例えば，大きく次の7つのものが挙げられます。

---

① 登録又は商標の表示を行う
② 商標権に基づく権利行使を行う
③ 普通名称化の防止対策を行う
④ 防護標章登録を行う
⑤ 他者の商標登録を排除する
⑥ ライセンスを許諾する
⑦ 商標権を譲渡する

---

1 登録又は商標の表示を行う

　上述したように，顧客に対する約束など，ブランドが伝えたいものは，ブランド構成要素である商標の使用を通じて伝えられます。その際，商標権者は，単に商標を使用するだけでなく，同時に，登録後であれば登録されていることを示す「商標登録第○○○○○号」「®」（Registered（登録済み）の略）（以下合わせて「**登録表示**」といいます）といった表示を行うことが望まれます。

このような表示により，その商標（ブランド構成要素）は，特定の者だけが使える（独自の）ものであるという意識を与えます。また，競合他社に対してはその商標を使えないといった一種の牽制的なイメージを与えることもできます。その結果，そのブランドは，独自的で差別化が図られたものであるというイメージ，意識を顧客等に植え付けることができます。そして，顧客等とのつながり，関係性をより高めることもできるといえます。

　また，登録の有無を問わず，「TM」（Trade Mark の略。商標全般又は商品に関する商標に用いられます）や「SM」（Service Mark の略。サービスに関する商標に用いられます）といった表示を行うことができます。

　この表示は，それだけでは独自的で差別化が図られたものであるとのイメージを植え付けることまではできないと思います。しかし，特定の者が商標として使おうとし，将来的には独自性及び差別化を図ろうとする意図は感じられます。そのため，登録前であっても，原則として，これらの表示を用いることは勧められるべきでしょう。

　なお，上記の**登録表示**は，商標登録がなされた後であり，かつその権利範囲のみに認められるものです。そのため，商標権者は，商標権が消滅した後や権利範囲外にこれらの登録表示を行うべきではありません。このような行為は，刑事罰の対象となり得ますので注意が必要です（商標法74条，80条）。

２　商標権に基づく権利行使を行う

　自身のブランドのブランド構成要素である商標と同一又は類似する商標が他者により使用された場合，自身のブランドが伝えようとする内容が本来の顧客に伝わらず，逆に他者による誤ったイメージなどが顧客に伝わってしまうことがあります。このような状況は，まさに誤認混同が生じてしまっているといえます。特に，他者の商品やサービスが質の劣ったものである場合には，その誤認混同による誤ったイメージなどはブランド力を向上させる点では非常にマイナスなものとなります。

　商標権者は，このような誤認混同を生じさせるような他者の商標の使用に対して，**商標権に基づく権利行使**で排除することができます。具体的には，侵害

品の差止め，破棄，損害賠償請求等を行うことができます。詳細は，第 5 章をご参照ください。

　商標権者は，このような権利行使を行うことにより，誤認混同による誤ったイメージなどが伝わることを回避でき，自身のブランド力，価値の向上をより効果的に図ることができます。

３　普通名称化の防止対策を行う

　商標が有名になった場合，その商標がその商品・サービスの普通名称のように用いられることがあります。特に，業界初の画期的な商品・サービスに使用される商標であるような場合やその商標が商品・サービスのコンセプトなどに非常に合致していて使いやすそうな場合に，このような**普通名称化**が生じます。

　このことは，市場が拡大するといった意味では喜ばしいともいえます。しかし，普通名称と判断されると自身以外の誰でもがその商標を使うことができるようになってしまいます。その結果，自身の商標権，ブランドの価値はゼロに近いものになっていってしまいます。例えば，「招福巻」（巻き寿司）は，文字だけの商標権（商標登録第2033007号）が昭和63（1988）年 3 月30日に発生し，現存しているものです。しかし，大阪高裁平成22年 1 月22日判決・平成20年（ネ）2836号において，「巻き寿司」の普通名称になった旨が判断されています。多くのスーパーマーケットなどで「招福巻」の商品名が使用されていること，「招福」の語の辞書への収録が開始されていることが影響しました。

　普通名称化の状況が生じそうな場合には，その商品やサービスの市場が拡大していることが多いと思います。この状況自体は，自身の商標権やブランドの価値を高められる大きなチャンスであるといえます。そのため，商標権者は，普通名称化を避け，市場の拡大に合わせて価値を高めるために，適切な対応をとる必要があるでしょう。例えば，無断で使用している他者に対して，適切な時期から継続して警告を行う，ライセンス許諾を行うなどです。

　また，商標権者は，仮に普通名称化を容認し，その商標を市場に開放するとしても，自身の別のビジネスへの波及効果を図れるように工夫すべきでしょう。

4　防護標章登録を行う

　商標権者は，以下の表の中の○で示すように，原則として商標と商品・サービスとの同一又は類似の範囲において，他者の無断使用を排除し，他者の商標登録を排除することができます。

■図4-4■防護標章登録ができる範囲

商品・サービス ＼ 商標	同 一	類 似
同一	○	○
類似	○	○
非類似	防護標章登録	×

　一方，登録された商標が全国的に有名（著名）になった場合には，出所混同が生じるおそれがある非類似の商品・サービスにまで権利範囲を広げることができます（商標は同一の範囲に限られます）。ただし，商標権者は，このメリットを得るために，具体的には，防護標章出願を行い，審査を経て，**防護標章登録**を行うことが必要となります。

　この**防護標章登録**を得ることができれば，自身の商標が有名であることを立証しやすくなります。その結果，不正競争防止法を含めた他者に対する権利行使，他者の商標登録を排除することにも役立ちます。ひいては，自身の商標権，ブランドの価値を高めやすくなるでしょう。

　防護標章登録出願の様式については，特許庁HP「出願の手続　第五章　商標登録」（https://www.jpo.go.jp/system/laws/rule/guideline/syutugan_tetuzuki.html）をご参照ください。

5　他者の商標登録を排除する

　他者の商標が自身の商標権の権利範囲内などにおいて，誤って登録されてしまうことがあります。そして，仮に誤って登録されたとしても，上述のように

登録日から5年を経過してしまうと，その他者の商標権を消滅させることが難しくなります。その結果，本来は自身の商標権の権利範囲内であるにもかかわらず，他者が正当に商標を使用する権利を取得してしまうことが生じます。

　このような状況は，自身の商標権，ブランドの価値を高めるのにマイナスに働きます。ぜひ回避したいところです。そのため商標権者は，自身の商標と同一又は類似する他者の商標が誤って登録されないように，定期的に監視（ウォッチング）しておくことが望ましいでしょう。

　自身が他者に対して**異議申立**を申し立て，又は**無効審判**を請求する場合の様式は，第3章をご参照ください。

　また，他者の商標登録をそもそも登録前に阻止するための手続として，**情報提供制度**というものが存在します。登録前にこの制度を利用することもよいでしょう。情報提供の様式については，特許庁HP「商標登録出願に関する情報提供について」（https://www.jpo.go.jp/system/trademark/shinsa/johotekyo/touroku_jouhou.html）をご参照ください。

6　ライセンスを許諾する

　商標権者は，自身で商標を使用してビジネスを行うだけでなく，他者に**ライセンスを許諾**してその他者がビジネスを行うことがあります。他者へのライセンスは，特にビジネスを拡大していこうとするときに行われることが多いです。例えば，フランチャイズビジネスやキャラクタービジネスではこのようなライセンスはよく行われています。

　他者に**ライセンス許諾**を行い，その他者が適切に商標を使用して，そのビジネスを拡大していくことができれば，商標権，ブランドの価値は高まっていくことでしょう。一方，ライセンスを許諾する他者やライセンスを許諾する商品・サービスの範囲をむやみに拡大していった場合には，商標権，ブランドの価値を低めてしまうことになります。商標権者は，この点の注意が必要です。

　なお，ライセンスに関して，グループ会社が存在するような場合には，例えば，商標管理会社を設立し，その会社において商標権を管理させます。その結果，商標権，ブランド全体のマネジメントや収益の流れをより効果的な状態に

できることがあります。また，このようなライセンス管理をする場合には，**適切なライセンス料を評価**しておくことも必要といえます。

7　商標権を譲渡する

　他者にその**商標権を譲渡**してそのビジネスを任せた方が，その商標権，ブランドを高めることができる場合があります。例えば，自社のビジネス運営の状況が芳しくない場合などです。しかし商標権者は，誰に譲渡をするのか，商標権の全ての範囲について譲渡するのかなどについて，譲渡後の自社のビジネスに悪影響を与えないようにする必要があるでしょう。当然，**商標権の譲渡価格について適切な評価**をすることも重要です。

　商標権の移転登録申請書の様式については，特許庁 HP「納付書・移転申請書等の様式（紙手続の様式）」（https://www.jpo.go.jp/system/process/toroku/touroku_yousiki.html）をご参照ください。

コラム

商標権の棚卸し

　登録された商標であっても，現在及び将来も使用しない商標は，更新手続や後半分の登録料納付をせずに，商標権を消滅させ，その後の費用を削減することが可能となる。

　しかし，現在使用されている商標であっても，そのまま更新手続を行うのではなく，別途新たに出願し直すこともできる。この方法により，**従来と同様の権利を確保しつつ，大幅に**（場合によっては数百万円や1千万円単位で）費用を軽減できる場合がある。

　また，実際の使用態様と登録されている商標とが異なる場合，その登録商標をそのまま更新しても有益でないことがありえる。

　このように，更新手続や後半分の登録料納付の時期に，**商標権の一種の棚卸し**をすることで，費用対効果を踏まえた商標権のマネジメントを行うことができるのだ。

コラム

価値評価

　選挙権などは，それはそれで歴史的価値もある大変に貴重なものなのであるが，他人に譲ることができないので，誠に残念ながら，財産的価値はない（選挙権を財産的価値あるものにしたら，犯罪である）。

　ところが，商標権を始めとする知的財産権は財産権であるので，当然のことながら，財産的価値を有する。もちろん，財産権というのは，要は「移転できる類の権利で，交換価値を有するもの」であるので，「財産的価値」というのは，そのまま交換価値のことを意味する。この「交換価値」というものを現代の世で，より具体的かつ俗にいえば，要は金銭的価値である。

　最近では，国際会計基準に則る必要性等から，知的財産も金銭評価をする必要が生じてきている。また，M&Aや新規投資の際（特に，DD（デュー・ディリジェンス：新規投資に先立って，本当に投資してよいかどうかについて，より詳細な調査を行うこと）の際）には，必然的に，無体物たる知的財産の価値評価が行われる。

　その評価方法というのは，大まかにいって，「取得額で行う」「市場価格で行う」「将来の収益で判断する」の3通りである。これはほとんど，土地の評価方法と同じものである。ただ，知的財産というのは，土地に比して，その取引実績や回数が少ないがゆえに，価値評価がし難いものである。要は，事例が少なすぎるのである。もちろん，取引市場とて，あるようでいて，特に我が国ではないも同然である。

　そしてまた，特に「税金が関係してくるもの」となると，これまた難しい。そうなると，評価方法の正当性や客観性の他に，信頼度というものも必要になってくる。要は，価値評価を行う者の過去の実績とか信頼とか，社会的地位とかも大事になってくるのである。このあたりは，あまり単純に考えずに，色々なファクターをよく考えた上で，評価者を選ぶ必要がある。

第5章

商標権侵害

I

侵害品を発見したとき

　商標権者は登録商標と同一又は類似の範囲において，他人の使用を排除する権利を有します（商標法37条1号）。

　従って，このような商標権の効力が及ぶ範囲において何の権限もない第三者が登録商標を使用している場合には，「商標権侵害」が成立します。

　そして商標権者は，当該使用を行っている第三者に対し，差止請求や損害賠償請求といった法的措置を講ずること，つまり，権利行使をすることができます。

　自社の商標権の範囲に属する他人の使用を発見した場合は，まず自社商標及び侵害者の情報に関する情報を収集して，次の①(1)～(4)について確認・検討し，権利行使が可能と判断した場合には，②(1)及び(2)の対応を行います。

---

①確認・検討事項
(1)　自社の商標権が有効であるか
(2)　相手方の使用は自社の商標権と同一又は類似の範囲に属するか
(3)　相手方の使用は「商標の使用」といえるか
(4)　相手方に正当な権原はあるか
②対応事項
(1)　侵害物の入手
(2)　警告書の送付

1 　検討すべき事項

　権利行使をする前に，以下の事項を確認します。

(1)　商標権が有効であるか

　まずは，無効な権利に基づいて権利行使をしないように，対象となっている自社の商標の権利が現在も存続しているかを確認します。具体的には，登録料未納あるいは取消審判若しくは無効審判などにより，権利が消滅していないかをきちんと確認しておきます。

(2)　対象の商標を指定商品又は指定役務に使用しているか

　もし，対象となる登録商標をその指定商品等に自社が使用していない場合には，不使用取消審判の対象となり得ます。この場合，警告先の会社から不使用取消審判を請求され，逆に自らの権利が取り消されてしまうおそれがあります。

　不使用取消審判権が請求されるのは，3年間継続して不使用の場合です。このため，該当の商標を使用していないのであれば，いつから使用していないのかその期間を確認します。

　また，もし商標権者である自社が使用していない場合でも，他社に使用許諾している場合は，その他社が使用していれば不使用取消審判の対象にはならないので，使用許諾の有無を確認します。

(3)　商標権と同一又は類似の範囲に属するか

　商標に関しては，デッドコピーのように同一の場合だけでなく，類似の場合でも商標権侵害となります。類似については，第1章で説明した類否判断を参照ください。ただ，類似かどうかの判断が難しい場合には，弁理士や弁護士といった専門家に相談して専門的判断を仰ぐことも有効です。

　また，商標だけでなく，相手方が使用している商品やサービスの状況や内容を確認し，登録商標の商品・役務とが同一，類似の範囲にあるかどうかも併せて確認・検討することが必要となります。

■図5-1■商標権の効力が及ぶ範囲

商標権の効力が及ぶ範囲		指定商品又は指定役務		
		同一	類似	非類似
商標	同一	専用権	禁止権	×
	類似	禁止権	禁止権	×
	非類似	×	×	×

※同一・類似の範囲しか権利は及ばない

　次の図にあるように，専用権が発生している同一の範囲か禁止権が発生している類似範囲でなければ当該商標権の効力範囲外となるためです。不当な権利行使とならないよう，しっかりと確認します。

(4)　相手方が正当な権原を有していないか

　相手方が専用使用権や通常使用権，先使用権を有している場合には，商標権の効力は制限されます。このため、相手方がこのような権利を有していないか確認します。

2　対応策

(1)　侵害物品を押さえる

　侵害物品を発見したら，試し買いなどによりその現物を押さえるようにします。その理由は2つあり，1つは特にネット販売の場合で，画面上で侵害品かどうかを判断することは難しいことが多いので，現物での確認を行うためです。
　もう1つは，警告を行った後は相手方が侵害の対象となった商品を市場に流さなくなるケースが多く，いざ現物が必要となったときにもはや入手できなくなっているということが起こり得るので予め確保しておくためです。
　侵害品の現物が無い場合，侵害の立証が難しくなってしまう結果，交渉その他の手続を円滑かつ有利に進めることが困難になるおそれがあります。従って，現物をきちんと入手し，証拠物品としていつでも示すことができるよう，事前

にしっかりと確保しておくことが望ましいです。

　証拠としては，前述の商標が付された商品等の他，新聞・雑誌の広告，広告用ポスター，ネットショッピングで販売されている事実を示す WEB 画面のコピー，店舗で侵害品が陳列されている状態を撮影した写真なども有効なものとなり得ますので，確保しておきます。

　なお，ネット販売の場合には，ショッピングモールの運営者のほうでプロバイダ責任制限法に基づく知的財産権保護について，何らかの対応を行っていることもあることに留意します。このため，運営者の HP でそのような対応の有無を確認し，対応しているようであれば所定の連絡先に報告をするということも大変有効な対策となります。運営者側で侵害品であると判断されれば，商品情報の削除が行われることがあるためです。

(2)　警告書の送付

　警告書の送付は，相手方に対する意思表明です。このため，送付に際しては侵害と考えられる状況にあることを伝えるとともに，商標権者としてどのような策を講じる考えがあるのかについても言及しておきます。

　記載内容としては，「自社の住所，名称」，「自社の保有する権利の特定（商標登録番号）」，「権利侵害していると思われる相手方の商品やサービス行為等の特定」といった事項をしっかりと記載します。

　そして，「権利侵害と思われる旨」，「相手方への要望（一切の使用を認めないのか，それとも使用許諾の交渉の余地があるのか，回答によっては訴訟も辞さないのか等）」，「返答を求める旨と期限」など，相手方へ伝えたいことを記載します。

　ここで注意して頂きたいのは，裁判等においては禁反言の法理が働き，警告後は警告書の内容に反する事実や主張をすることが許されないと判断される可能性があることです。検討が不十分な警告書を送付してしまうとその警告書を逆手にとって相手方に反論され得ることを念頭に，警告書を作成する必要があります。

　また，送り先についても慎重に検討します。例えば，自己の商標権を侵害していると認識している会社と取引関係にある会社に商標権の侵害行為を知らせ

たいと考えるかもしれません。しかし警告を行った後，実際は侵害行為にあたらなかった場合，あるいは，後日その商標権が無効となったような場合は，警告書を相手方の取引先等に発送した行為が相手方の営業上の信頼を害する営業誹謗行為（不正競争防止法2条1項14号）と判断され，反対に相手方から損害賠償を請求されることもあり得ます。

このため，警告書を誰に対してどのような内容で送るかについては，先々のことも考えて慎重に検討する必要があります。

(3) 弁理士の鑑定や特許庁の判定を求める

警告書を送付する前や具体的な手続を開始する前に，弁理士の鑑定を求めたり特許庁による判定の請求を行うなどして，侵害品が自社の商標権に抵触する旨の結論を得ておくことも有用です。

例えば，輸入差止めの申立手続を行ったり警察に告訴したりする場合に，これらは重要な証拠となり，併せて提出することにより円滑に手続を進めることができることもあります。相手方にとっての重要な判断資料とすることができるため，自発的な使用の中止を促すなど，交渉を有利に運ぶための材料とすることができます。

3 侵害行為に対する救済手段

商標権侵害に対する救済としては，民事上の救済手続と刑事責任の追及があります。

(1) 民事上の救済

(i) 裁判手続による救済

以下に説明する請求権に基づいて裁判所に出訴することで，公的機関を利用した解決を図ることができます。

訴訟にあたっては，できれば知的財産の係争について知見豊富な専門家と十分に相談した上で行うことをお勧めします。

(a)　差止請求権（商標法36条）

　商標権が侵害又は侵害されるおそれがある場合に，侵害の停止やその予防を請求することができます。

(b)　損害賠償請求権（民法709条）

　故意又は過失による侵害で生じた損害の賠償を請求することができます。なお，商標法では商標権者の請求を容易にするため侵害行為があれば過失があったと推定する規定や損害額の算定のための規定を設けています（商標法38条，39条）。

(c)　不当利得返還請求権（民法703条，704条）

　侵害行為により利益を受けた者に対して，商標権者が被った損失を不当利得として返還を請求することができます。

(d)　信用回復措置請求権（商標法39条で準用する特許法106条）

　侵害により害された業務上の信用の回復に必要な措置，具体的には新聞等の謝罪広告，テレビにおける謝罪放送等を命ずるよう裁判所に請求することができます。

(ii)　裁判外による救済

　裁判外の紛争解決手段として，調停・仲裁が挙げられます。特に知的財産権をめぐる紛争に関しては，日本知的財産仲裁センターというところで，知的財産に関する調停や仲裁がなされています。この仲裁センターは，弁護士，弁理士及び学識経験者で構成されており，これらの構成員がお互いの合意に達するよう調停を行います（http://www.ip-adr.gr.jp）。

　ただ，ここでの調停事項については執行力がないため，紛争が解決しない場合は裁判手続をとることになり，かえって費用がかかる場合も考えられますので，注意が必要です。

(2)　刑事責任の追及

(i)　非親告罪

　商標法においては，「故意により商標権を侵害したものは10年以下の懲役又は1000万円以下の罰金に処する」（78条）という刑罰規定が設けられており，

商標権の侵害行為は犯罪として刑罰を科すことができるようになっています。また，法人に対しては，業務に関して侵害行為を行った侵害行為者のほか，業務主体である法人にも3億円以下の罰金刑が科せられるとする，いわゆる両罰規定がおかれています（82条）。従って，法人の従業員が侵害行為を行っている場合には，この規定の適用についても検討します。

　なお，商標権の侵害罪が非親告罪となっていることは，重要なポイントです。告訴をしなければ公訴を提起できない親告罪とは異なり，告訴は単に捜査の端緒，つまり捜査開始の原因となるものにすぎません。

　このため，告訴状は必須ではありません。ただ，警察側で商標権侵害の事実を察知するということが難しいという現状もあることから，告訴状，あるいは被害届のようなものを提出するのが望ましいといえます。

　このような書類は，特に形式にこだわる必要はありません。非親告罪という特質から捜査機関に捜査着手の必要性を理解してもらえばよく，捜査着手のために必要な情報を提供することにします。捜査機関側には一方的な意見からは判断してはいけないという心理が常にあるため，あまり感情的で独断的な書類はかえって逆効果になることもあるため，なるべく客観的に，事実に即して陳情するようにします。

(ii)　故意（犯意）の立証

　原則として，刑罰の適用には故意が必要ですが，商標権侵害の場合には，「他人の登録商標であるという認識をしながらその指定商品・指定役務と同一・類似の商品・役務にその登録商標を使用する意思」があれば，故意の立証になるとされています。

　このような故意の立証は容易ではありませんが，立証に際して有効なものとしては，例えば先に述べた警告書があります。侵害者がこの警告書を受領したときから"相手方は自分が商標権を侵害しているという可能性を認識した"ということが客観的に明らかになったといえるため，このような通告を受けてもなお販売等の行為を続けている場合には商標権侵害の故意が認められ得ることになります。

(3)　税関における輸入差止（輸入差止申立制度）

　侵害品が海外から国内に輸入される場合には，税関に対し侵害品の輸入の差止申立をすることができます。申立が受理された場合には，日本にある9つの税関全てにおいてその侵害品が取り締まりの対象となるため，国内市場に侵害品が入ってくることを未然に防ぐことが可能となります。

　この場合，侵害かどうかの認定は権利者の手を煩わせることなく申立の内容に基づいて税関の方で行ってくれます。また，その判断は迅速に行われ，最終的には侵害品と認定された貨物は税関にて没収・廃棄まで無償で行ってもらえます。申立にあたっては書類を整えるのに手間はかかりますが，国内に拡散してしまった後に裁判等で対応する場合と比べると，費用的にも迅速性においてもその効果においても，権利者にとってはメリットが大きく，活用を検討することは大変有効といえます。

　令和3（2021）年5月21日に公布された「特許法等の一部を改正する法律」では従来の商標法では存在しなかった「輸入の定義」が追加され，「この法律において，輸入する行為には，外国にある者が外国から日本国内に他人をして持ち込ませる行為が含まれるものとする」とされています。

　この改正は，近年急増している個人（事業者ではない者）による模倣品の輸入が従来の商標法では阻止できないケースがあり，模倣品の流入増加に歯止めをかけることができないという問題に対応するものです。

　具体的には，個人使用目的の模倣品輸入の行為は商標の要件である「業として」を欠くものであり，輸入者が個人使用を主張する場合には商標権侵害を問えないような状況となっていましたが，この改正により，海外事業者が模倣品を郵送等で国内に直接発送する行為が商標権の侵害と位置づけられることになりました。これにより，商標権の権利者は，海外事業者が，個人使用目的での輸入や個人使用目的を装った輸入といった行為に対し，税関で差し止めたり，裁判で差止や損害賠償を請求できるようになります。

II

他社から警告を受けた場合

　今までの説明とは逆に，他社から商標権を侵害していると警告を受けた場合にはどのような対応をすればよいのか，ということについて，説明をします。これまで述べた内容の相手方の立場に立って対応することになります。

1 確認・検討

　まずは，警告されたという事実をしっかりと受け止める一方，その警告の内容を冷静に確認することが必要です。

　ここで行ってはいけないことは，警告を無視したり軽く考えたりすること，反対に，焦ってしまって警告内容を鵜呑みにしてしまうことです。

　そこで，警告の内容を慎重に検討することから始めます。

　警告者が主張している権利の内容が正当かどうか，つまり商標権が現在も存在しているのか，指定商品（役務）は何かなどを確認しましょう。

　この確認に際しては，取り急ぎ特許情報プラットフォーム（J-PlatPat）で調べるということも迅速な対応という観点からは好ましいことですが，最新の情報ではないこともあり得るので，最終的には特許庁から登録原簿を取り寄せて，現在の登録状況をきちんと確認をしておきます。

　また，以下の点についても確認します。

(1) 警告者の差出人名

　差出人が誰なのか，そしてその者はどのような権利を有しているのか，具体的には権利者本人なのか，使用許諾を受けている者なのか，弁理士や弁護士といった代理人なのかといったことを確認します。

　信じられないことかもしれませんが，商標権者とは何の関係もない人物から警告書が送られてくることがあります。もちろん，このような場合には取り合う必要などありません。不要な対応をしないためにも，差出人が誰かということはきちんと確認する必要があります。

　商標権者本人からの警告書ではない場合としては，使用権者あるいは代理人から送られてくるケースがあります。これらの場合には，商標権者ではないとしても無視するわけにはいけません。

　まず，使用権者ですが，権利行使の権限があるものとそうでない場合があることに留意します。また，代理人の場合には，知り合いや親族のような代理人ではなく，弁理士や弁護士等の職業代理人であった場合には権利行使に対する本気度が高いと考えてまず間違いありません。ただ職業代理人ではなかったから費用もさしてかけていないので本気度が低い，と考えるのは早計です。しかしながら，職業代理人のものであった場合には本気度合がかなり高く，慎重に対応するべきであるといえます。

　いずれにしても，今後の対応の戦略を検討するために，差出人名をきちんと確認しておきます。

(2)　日付

　警告書は一般に内容証明郵便で送られてきます。何の対応もしないままこの警告書に示されている回答期限を過ぎた場合には，法的手段をとってくるおそれもあるため，期限の確認及び管理をしっかり行います。この回答期限については，例えば3ヵ月以内，などと警告書内に明記されていることが一般的です。

　期限に関しては，その日にちの起算日が重要となります。このため，いつ書類を受け取ったのかを後でも確認できるよう，日付が刻印された封筒など，日付が記載されているものはきちんと保管しておきます。

② 判　断

(1)　警告書が不当な場合

　調べた結果，存続期間が満了していれば権利はありませんし，問題となっている商標の使用範囲が商標権の効力の範囲外であれば問題とはなりません。また，警告をしてきた相手方企業が正当な権原を有していなければ，不当な警告ということになります。

　このような場合には，商標権侵害ではない，という回答をすることになります。

　なお，商標権の効力範囲は同一の範囲に限らず類似の範囲まで及び，そして，この類似の範囲の判断は容易とは言えないことに注意が必要であるのは前述したとおりです。また，現時点では権利が消滅していたとしても，過去の使用についての損害賠償請求が求められる場合もあることから，いつから権利が無くなっているのかを確認することも重要です。

(2)　警告書が妥当な場合

　調べた結果，警告書の内容が妥当で有効なものと考えられる場合には，以下に示すような事項を更に確認し，商標権侵害に該当しないと主張できないかを検討していきます。

(i)　警告の対象が商標としての使用であるか否か

　商標としての使用でない場合は商標権の効力は及びません。

　例えば，ぶどうの入った箱の中身を表すために「巨峰」という文字を箱の見やすいところに書いた場合において，商標としての使用でないと判断された裁判例（福岡地判昭和46年9月17日，無体集3巻2号317頁）があります。「巨峰」の文字は中身の説明のための表示であって，商品であるぶどうの「識別標識」として機能していないため，商標としての使用には該当しないと判断されているためです（下記(v)(b)に関連）。

⑾　相手が当該商標権を３年以内に使用しているか否か

　もし継続して３年以上使用していなければ，不使用取消審判（商標法50条）を請求できます。この請求が認められた場合，対象となった商品・役務について，商標権を消滅させることができます。

　また，使用していたとしても審判請求前３ヵ月以内の使用ではないかということについても，併せて確認します。その使用が３ヵ月以内で審判請求されることを知った上のものであることを証明できれば，原則として適正な使用と認められないためです。

⒀　相手の商標権に無効理由があるか

　無効理由があれば，無効審判を請求できますし，侵害裁判ではその旨を主張することもできます。ただし，除斥期間（「除斥期間」→設定登録後５年を経過すると所定の場合を除き請求できなくなること〔第２章参照〕）に留意が必要です。

　また，もし公報発行後２月以内であれば，異議申立も検討します。

⒁　自社が使用に対する正当な権原を有していないか

　専用使用権や通常使用権，先使用権といった権原を有していないかを確認します。これらの権原を有しているのであれば，それを主張します。

⒂　自社の使用が商標権の効力の及ばない範囲であるか（商標法26条各号）

　商標権の効力が制限される場合は商標法で定められていますので，これに該当するかを確認します。

　⒜　自己の氏名，名称又はこれらの略称等を普通の方法で表示する商標である

　　例えば，化粧品名において会社名と同一の登録商標があった場合，その会社名を示すものとして使用する範囲においては，商標権侵害にはなりません。

　⒝　商品の普通名称，産地，品質，原材料などを普通に表示する方法にすぎないものである

　　このようなものは取引上不可欠な表記であるため，何人にもその使用がで

きるようにする必要があります。従って，その原材料名として商品・役務の普通名称や品質を表す文字等が登録された場合であっても，商品・役務の普通名称や品質を表すものとして使用する範囲においては，誰でも自由に使用することができ，商標権侵害にはならないということになります。

　例えば，化粧品の原材料名を普通に用いられる方法で使用している場合，化粧品の成分表示の表示機能と同様のものであるとして，商標権侵害ではないと判断されています（尿素とヒアルロン酸の化粧水事件（平成16年5月31日判決　平成15年（ワ）28645号）。

⒞　**商品等の慣用商標である**

　同業者が同種類の商品等に普通に使用するようになったため，識別力を失った商標が該当し，このような場合，商標権は及びません。

⒟　**商品等の形状であって商品等の機能を確保するために不可欠な立体的形状のみからなる商標である**

　立体商標に関する規定に対応したもので，商品や商品包装の機能を確保するため，不可欠な形状に商標権は及びません。

⒱　交渉の余地はないか

　問題のある権利の譲渡若しくは使用許諾を受けることができれば，自由にその登録商標を使用することができます。また，侵害警告の通知等を行わない旨の契約（不争契約）を行うことにより，安心して使用を続けることができます。このため，そのようなことが可能か交渉することも有効な対策です。交渉については，専門家を介せずに行うことも可能です。ただ，少なくとも契約書については自社に不利な契約を締結することのないように，社内外の契約の専門家の確認を得ることをお勧めします。

3 回　答

　警告書の内容を調査・検討して，相手に商標権等の権利がない，あるいは自社の行為が明らかに権利外である場合には，警告書に対してその旨を回答し，先方の誤解を解くようにします。また，先使用権などの正当な事由により権利

侵害とならないと判断される場合には，それについて十分に説明します。相手側が納得しなければ，相手側が提訴してきて応訴しなければならないという事態になるおそれがあるからです。

　ただ，警告が妥当であると考えられる場合には，必要に応じて弁理士又は弁護士の専門的判断に基づいて対応することも検討します。

　このようなトラブルが発生するときというのは，大体その商標が有名になり，売り上げも好調な時期です。有名になったからこそ，注目されその動向が取り沙汰されるのです。もし，侵害を回避できないのであれば，せっかくここまで努力して育てたブランドではありますが，このように注目を集めてしまった状況下では，思い切ってその商標の使用を中止し，新たな名称により再出発する決断が必要となることがあります。

　ただ，ネーミングによっては，名称を一部改変するのみで侵害を回避できる場合もあります。専門家の意見を参考にするなどして，慎重に対応を検討されることをお勧めします。

■図5-2■警告書受領後の流れ

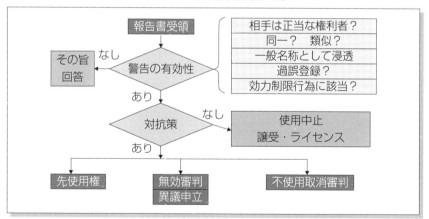

4　事前調査の重要性

　商標権の侵害に該当する場合には，商標を変えるだけでなく，対象となる商標の使用中止の他，商標が付されている商品の廃棄，パンフレットやカタログ，

ちらし等の広告媒体の廃棄，名刺や店舗看板の廃棄，商標が付いた皿，どんぶり等，サービスの提供時に使用している物の廃棄，HP に表示されている商標名の削除などが必要となることも多くあります。また，上述したように，損害賠償請求として金銭の賠償請求や謝罪広告の掲載命令などが裁判所より下される事態にもなり得ます。更に，専門家の費用や交渉や裁判の対応にとられる時間や作業による人件費，ブランドの看板となる商標が使用できるか否かの不確定な時期が継続することによる事業的な損害，対応に伴う精神的な損害も出てきます。

　このような事態が起こらないようにするため，新しいネーミングを使うときには前述の商標調査を行って，使用しても問題ないのかを予め確認する，ということがやはり重要です。この時点で他人の商標権の存在がわかれば，それを回避して別のネーミングにしたり，商標権を譲り受けたり，ライセンスを受けたりといった対応ができるからです。

　転ばぬ先の杖として，商標調査は必ず行うようにしましょう。

5　他の法律の適用検討

　その商標が広く知られているような場合には，商標法以外，具体的には不正競争防止法が適用される可能性もありますので，併せて検討します。

コラム

商標の専門家

　レーシックの手術をして，ものの見事に失敗した。視力が思ったように上がらないのである。ところが，これに対するクリニック側の対応は，ただ「返金します」で，それで終わり。

　「返金すればそれで済むというのか。冗談じゃない！」

　これが，その回答を受けた私の正直な感想である。おそらく，同様な目にあったとしたら，皆さんもそう思うのではないだろうか。

　ところが，「商標登録出願をして，もし登録に至らなかった場合には，

全額返金します」の所謂「登録保証制度」をうたう商標専門事務所（特に，インターネット専門の商標事務所）を「親切なところだ」と思うのは，なぜなのだろうか。

　むろん，それは，普通の特許事務所ないしは商標事務所は，登録にならなくても手数料だけは頂戴するというのが常識なので，それと比較して親切だと思うのであろう。

　しかし，もし大いに期待して，ビジネス上も大事な商標であったとしたなら，「登録にならなかったら返金。それで終わり」で，納得できるのだろうか。少なくとも，その善後策くらいは提案するべきであるし，それなりの誠意があってもいい。一言で言えば，アフターフォローである。これは，登録された場合はもちろんのこと，登録されなかった場合には特に考慮されるべき事項である。

　なぜならば，商標の場合には，先願先登録があることを理由（商標法4条1項11号）に拒絶された場合（実は，これが最も多い拒絶理由）には，その出願取消商標の使用は即，商標権侵害となり，使用の継続ができなくなってしまうからである。

　それにもかかわらず，商標登録出願がそのような深刻なリスクのあるものということをいわずに，安易に自己出願を勧める輩がいる。特に最近では，弁理士でない者が，出願人自身が自己出願できるキットやセットを売り，あるいは，そうしたものの使い方を教授するだけに留めてうまく弁理士法の網をくぐり，出願人自身に商標登録出願をさせることもあるようである。

　けれども，繰り返しになるが，先願先登録で拒絶されれば即，商標権侵害となり，イコールその継続使用は刑事罰の対象。なので，アフターフォローが必要となる。これがきちんとできるのかどうか，それを見極めた上で，商標の専門家というのを選別する必要がある。

第6章

外国出願

I

外国商標制度の概要

1 属地主義

　我が国は，常に世界の中で上位に位置する貿易大国であり，絶えず多数の商品やサービスを輸出入しています。更に，近時のインターネットの発展・普及ということもあって，人や商品，情報が一気に地球規模で広がるようになりました。

　このような状況に対して，商標法のような知的財産法は，国ごとに存在し，その内容は異なります。商標権はそれぞれの国において，その主権の範囲内で成立し，その領域内でのみ効力を持ちます（これを知的財産権の属地主義といいます）。

　このため，自社の商品やサービスに使用する商標について，外国でも適法に使用し，権利主張し，保護していくためには，それぞれの国で商標権を取得しておかなければなりません。

2 各国商標制度の仕組み

(1) 審査主義と無審査主義

　商標の保護について，審査を行わず，出願することによって方式が整っていれば登録を認める国（無審査主義国）も存在するものの，多くの国では，審査を行った上で，登録を認めています（審査主義国）。これは，商標の保護は，商品やサービスの取引秩序の維持といった公益に関わると考えられるからです。

　しかし，審査主義といっても，日本，中国，韓国，インドを始め多くのアジアの国，アメリカ，ロシアのように，商標の識別力の有無（絶対的拒絶理由と呼ばれています）と他人の先行商標との類似・非類似（相対的拒絶理由と呼ばれています）の両方の要件を審査する国，イギリス，ドイツ，フランスその他のヨーロッパの多くの国のように，絶対的拒絶理由のみを審査し，相対的拒絶理由については，第三者からの異議申立があった場合にのみ審査する国も存在しており，その内容は様々です。

　なお，ヨーロッパには，欧州連合知的財産庁（略称：EUIPO）に商標出願することにより，EU 全域に効力が及ぶ商標権を認める欧州連合商標（EUTM）がありますが，ここでは，絶対的拒絶理由のみが審査され，相対的拒絶理由については，第三者からの異議申立があった場合にのみ審査します。

⑵　使用主義と登録主義

　更に，商標は，実際に使用されて初めて保護されるべき信用が化体することから，先に使用した者に商標権を付与する国（使用主義）と，権利の安定性を重視して，実際の使用の有無を問わず，使用の意思をもっていれば，先に出願した者（先願者）に商標権を付与する国（登録主義）が存在します。日本，ヨーロッパを始め多数の国は登録主義をとっています。

　なお，登録主義国の多くは，登録後も不使用の商標が存在し続けるといった弊害を防止するため，登録後３年ないし５年間不使用の場合に，その登録を取り消すといった取消審判等制度を設けています。

　他方，アメリカでは，使用主義がとられ，商標が実際の商取引で使用されてはじめて商標権が発生し（伝統的なコモン・ローの権利），かつ，その権利を存続させるためには使用を継続することが要求されます。なお，同国では，商標権の効力を米国全土に及ぼすことができる連邦商標法に基づく商標登録制度が設けられており，また，同法の改正（1988年）によって，コモン・ロー上の権利の獲得を前提としない，言い換えれば，まだ使用されていない商標であっても出願できるようにした「使用の意図に基づく出願」も認められ，折衷主義ともいわれます。

II

外国商標出願の手続

1　マドリッド協定議定書（マドリッドプロトコル）

(1)　制度のポイント

　外国に商標登録出願する場合，知っておかなければならないものとして，マドリッド協定議定書（マドリッドプロトコル。正式名称：標章の国際登録に関するマドリッド協定の1989年6月27日にマドリッドで採択された議定書）に基づく国際商標出願制度があります。

　マドリッド協定議定書は，1891年4月に制定されたマドリッド協定の問題点を克服すべく，マドリッド協定とは独立した条約として，1989年6月に採択され，1996年4月より制度運用が開始されています。我が国は，1999年12月にWIPOへの加入書を寄託し，2000年3月より効力が発生しています。

　締約国の国民は，その特許庁（本国官庁）に，保護を求める締約国を指定して（指定国），自国の商標出願又は商標登録を基礎とした国際出願を行うことができます。本国官庁では，その国際出願をWIPOの国際事務局に送付し，国際事務局はそれを国際登録簿に国際登録します。

　国際登録された商標は，各指定国において，国際登録日から，各指定国の特許庁に直接出願した国内出願と同一の効果が認められます。そして，各指定国の特許庁がその商標法に基づき拒絶通報期間内（1年又は18ヵ月）に拒絶する旨の通報をしない場合には，同期間の経過時，又は後に拒絶する旨の通報を撤回した場合はその撤回時に，国際登録日から，その商標には，その国内登録と同一の効果が認められます。つまり，各指定国は，当該商標の登録について拒

絶する場合には，上記期間内に拒絶理由を通知しなければならないことになっています。

　国際登録の存続期間は，国際登録日から10年でその後も更新可能です。

　このように，マドリッド協定議定書は，各国ごとにする商標出願を一の国際出願に代えることを可能にした制度です。

　現在，加盟国は109ヵ国です（2021年10月時点，巻末資料参照）。

■図6-1■国際出願

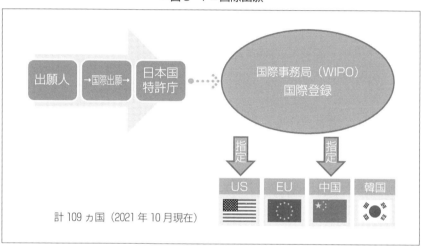

(2)　手続の概要

(i)　国際出願及び使用言語

　国際出願をする場合には，本国官庁を通じて，国際事務局に願書を提出します。国際出願の言語は，本国官庁の定めるところにより，英語，フランス語又はスペイン語のいずれかの言語です。我が国の国民は，日本特許庁を本国官庁として，英語で作成した願書を提出します。

　なお，願書には，国際出願の基礎となる商標登録出願又は商標登録の番号等を記載することが必要です。例えば，我が国の国民が，日本特許庁を本国官庁として国際出願する場合には，その者の日本特許庁に出願した商標登録出願又は商標登録を特定します。

(ii)　国際事務局による国際登録

　国際事務局では，国際出願の方式審査を行い，国際登録簿に商標を記録（国際登録）します。国際登録された商標は，WIPO 公報へ掲載（国際公表）されます。

(iii)　国際事務局による指定国特許庁への通報

　国際事務局は，国際登録後，その旨を各指定国特許庁へ通報します。

(iv)　各指定国特許庁での審査

　各指定国の特許庁では，国際登録に係る商標の保護を拒絶する場合には，上記(iii)の通報の日から12ヵ月又は18ヵ月以内にその旨を国際事務局へ通報します。

　通報しない場合には，その国で，自動的に当該商標の保護が認められます。我が国においては，18ヵ月以内に行う旨の宣言がなされています。

(v)　国際登録の基礎出願・登録への従属性（セントラルアタック等）

　国際登録日から5年以内に，国際登録の基礎となった本国の商標出願が拒絶，取下げ等又は商標登録が期間満了による消滅，無効若しくは取消などとなった場合には，取り消された範囲内で，その国際登録の全部又は一部が取り消されます。その際，国際登録の名義人であった者は，救済措置として各指定国において国際登録を国内出願へ転換する申請を行うことができます。

(vi)　更　新

　国際登録の存続期間は国際登録日から10年です。国際登録の存続期間は更新することができます。指定国ごとに更新申請する必要はありません。

(vii)　料　金

　一の通貨（スイスフラン）による料金支払いだけで，国際出願及び国際登録を更新することができます。

ⅷ　その他

　願書作成等にあたっては，特許庁のホームページ「マドリッド協定議定書による国際出願」や，WIPO がそのホームページ上で提供する「Madrid Goods and Services Manager」（WIPO が受け入れる商品及び役務の標準的表示を日本語，英語，フランス語，スペイン語等で検索できるようにし，また，検索された商品及び役務が締約国で受け入れ可能か否かの確認等をできるようにしたもの）や「ROMARIN」（国際登録の情報と指定国における経過情報）等も活用できます。

マドリッド協定議定書による国際出願
https://www.jpo.go.jp/system/trademark/madrid/index.html

WIPO/Madrid Monitor
https://www3.wipo.int/madrid/monitor/en/

「Madrid Goods and Services Manager」
https://www.wipo.int/madrid/en/services/gs_manager.html

⑶　マドリッド協定議定書を利用した国際出願のメリットとデメリット

ⅰ　メリット

⒜　複数国の商標権の管理の容易化

　一度の手続（国際出願）で複数国において商標権の取得が可能となります。
　複数国での商標権の存続期間の更新や名義人の変更手続が，国際事務局に対する一回の手続で可能となります。各国商標権ごとの期間管理が不要となります。

⒝　コストの削減が可能

　各国ごとに料金の支払手続が不要となります（国際出願時に納付）。
　また，出願時に指定しなかった締約国，出願後に新たに加盟した締約国についても，事後指定の手続により保護の拡張ができます。

(ii) デメリット

(a) セントラルアタック等が存在します。

上記のとおり，国際登録日から5年の期間が満了する前に，出願人の本国における基礎となった商標出願が拒絶，取下げ，放棄等又は商標登録が存続期間満了による消滅，無効，取消等として消滅した場合，その取消等された範囲内で国際登録が取り消され，よって各指定国でもその範囲内で，その商標の保護が失われます。

(b) 指定国で拒絶通報が発せられた場合には，結局，その国の現地代理人を選任し，意見書，補正書等を作成，提出して，拒絶理由を解消するための手続をとらなければなりません。

(c) アジアや中東諸国において，本議定書に加盟していない国も存在します（例えば，ミャンマー，サウジアラビア，クウェート等）。

(d) 国際登録される商標は，基礎となる本国での出願商標又は登録商標と同一でなければなりません。また，指定商品・役務もその基礎となる商標の指定商品・役務の範囲内でなければなりません。

(e) 直接に商標出願された商標権は何人にも譲渡できることになりますが，国際登録された商標の場合には，この議定書の適用を受ける締約国民等にしか譲渡することができない，といった点が考えられています。

2 パリ条約

(1) 上記のマドリッドプロトコルを利用した商標登録出願とは異なるルートとして，我が国より直接に外国に出願する方法もあります。この場合知っておかなければならない条約として，工業所有権の保護に関するパリ条約があります。我が国は，1899年に加盟し，2021年1月現在，175ヵ国が加盟国となっており，世界の主要国はほとんど加入しています。

(2) パリ条約は，内国民待遇の原則（内外人平等の原則）と呼ばれる基本原則の下，同盟国民は，商標等の保護について，他の全ての同盟国において，当該国民に課される条件及び手続に従う限り，同一の保護を受け，同一の法律上の救済が与えられる，と定めています。よって，我が国国民は，工業所有権の

保護に関して，他のすべての同盟国において，それぞれの条件及び手続の下で，同盟国民と同一の保護を受けることができます。

⑶　また，パリ条約は，優先権制度を認めています。優先権とは，同盟国（第1国）にした先の出願に基づいて優先期間内（商標は6ヵ月以内）に他の同盟国（第2国）に出願した場合，この後の出願について，この間に行われた行為によって不利な取扱いを受けないようにする権利です。要するに，6ヵ月以内に優先権を主張して，他の同盟国に出願すると，その出願についても，先の出願の時に出願したものとして，出願の先後等が判断されるということで，商標等の国際的保護をより容易なものにしようとする制度です。

⑷　従って，我が国国民は，例えば，日本や米国といった同盟国への先の出願から6ヵ月以内であれば，その優先権を主張してそれ以外の同盟国に出願できます。なお，外国に出願する場合，通常我が国を含めどこの国でも，出願人がその国に居住していない場合には，その国に居住する代理人（外国弁護士，外国弁理士）を通じて，出願しなければなりません。

III

欧州連合，米国，中国の商標制度

1 欧州連合商標制度

(1) 欧州連合商標（European Union Trademark（EUTM））制度

　欧州連合商標（European Union Trademark（EUTM））制度とは，欧州連合知的財産庁（European Union Intellectual Property Office（EUIPO））に1つの出願・登録を行うことで，欧州連合加盟国全部に効力が及ぶ商標権を取得できる制度です。

　1996年4月1日より開始された欧州共同体商標（Community Trademark（CTM））制度を改正したものです。

　2016年3月23日，欧州連合商標制度の法律の役割を果たす欧州連合商標規則（Regulation（EUTMR））が発効しました。

　欧州連合商標の出願は，直接に欧州連合知的財産庁に出願する他，マドプロ出願において指定することもできます。

　欧州連合は，現在（2021年9月）27ヵ国の加盟国からなります。スイス，ノルウェー，アイスランドは加盟国ではありません。また，イギリスは，ブレグジットにより，2021年1月から加盟国ではありません。

　欧州各国は，それぞれ，国内商標制度を有しており，よって，欧州の商標制度は，欧州連合商標制度と国内商標制度の二重構造となっています。

(2)　特　徴

(i)　商標の定義

　欧州連合商標とは，何らかの標識，特に，個人の名称を含む語，模様，文字，数字，商品又はその包装の形状により構成することができるものであって，他の事業の商品又はサービスと識別できるもの，と定義されています。2015年に欧州規則が改正されたことにより，商標の定義から，「視覚的に表示可能な」という要件が削除され，その結果，音，匂い等のいわゆる非伝統的商標がより登録されやすくなると期待されています。立体や単色なども商標として保護されます。

(ii)　審　査

　方式審査と絶対的拒絶理由（例えば，商標の定義に従わない標識，識別性を欠く商標，公共政策や道徳規範に反する商標，商品やサービスの性質等について公衆を欺瞞するような商標）についてのみ審査されます。

　先願主義が採用されていますが，相対的拒絶理由（他人の先の商標と類似する）は，他人からの異議申立があった場合にのみ審査されます。

　ここで，先の商標には，先願の登録された欧州連合商標や加盟国において登録された商標，その出願前に加盟国でパリ条約第6条の2の周知商標と認められた商標などが含まれます。

(iii)　異議申立

　出願された商標が公告された後，3ヵ月以内に，先の商標の所有者等が提出できます。欧州連合知的財産庁は，異議申立の提出後，両当事者に，その2ヵ月後に異議申立の審理を始めることを通知します。よって，両当事者は，この2ヵ月間，話し合いによる解決を図ることができます（Cooling-Off 期間と呼ばれます）。なお，この期間は両当事者の請求により，24ヵ月まで延長することが認められます。

(iv) 存続期間

　欧州連合商標の商標権の存続期間は，出願日より10年です。存続期間は更新することができます。

(3) 制度の利点及び欠点

(i) メリット

① 商標管理が容易

　1つの欧州連合商標の商標権を維持することによって，欧州連合の全ての加盟国にその商標権の効力を及ぼすことができます。

② シニオリティー（Seniority）の主張

　欧州連合商標の所有者は，加盟国においても同一の登録商標を所有している場合，これら国内商標権に基づき，欧州連合商標において，シニオリティーを主張できます。シニオリティーの主張が認められると，これらの国内商標権を消滅させた場合であっても，欧州連合商標の商標権を維持していれば，その国内商標権が継続していた場合に有する同一の権利を，各国において引き続き有しているとみなされる利益が与えられます。

③ 不使用取消

　欧州連合商標は，登録後5年間不使用の場合，取り消される可能性がありますが，欧州連合の加盟国内で真正に使用されていれば，加盟国全てにおいて使用されていなくとも，不使用を理由とする取消請求を回避することができます。

④ 税関監視

　欧州連合商標の所有者は，1つの申請で欧州連合の全加盟国の税関での監視を求めることができます。なお，今回の改正によって，域外に流通させる目的で単に欧州連合域内を通過するにすぎない模造品であっても差し止めることが可能となりました。

⑤ 保護の拡大

　欧州連合商標の保護は新しい加盟国にも自動的に拡大されます。

(ii) デメリット

　欧州連合加盟国の1ヵ国において，他人の先願の同一又は類似する登録商標

等が存在すれば，欧州連合商標は，異議申立理由，無効・取消理由に該当することになります。また，各国ごとに権利を譲渡することはできません。

(4)　欧州連合商標を調査できるデータベースとして，欧州連合知的財産庁が運用

欧州連合商標を調査できるデータベースとして，欧州連合知的財産庁が運用する主なデータベースは，

①　eSearch plus（https://euipo.europa.eu/eSearch/）

②　TMview（https://www.tmdn.org/tmview/welcome）

があります。

特に TMview では，欧州連合商標に加えて，加盟国内の国内商標も調査できます。

その他に，WIPO が運用する，

③　Global Brand Database（http://www.wipo.int/branddb/en/ ）

④　Madrid Goods and Services Manager（https://webaccess.wipo.int/mgs/index.jsp?lang=en）

なども活用できます。

２　米国連邦商標登録制度

(1)　米国連邦商標登録制度

米国連邦商標登録制度とは，連邦商標法（ランハム法と呼ばれています）によって，登録することにより，米国全域にその効力が及ぶ商標権を認める制度です。

連邦法の性質上，保護される商標は，①外国との取引に使用される商標及び②2以上の州にまたがった取引（州際取引）に使用される商標となります。

また，もともと，米国では，商標権は，コモン・ロー上の商標の選択・使用という事実行為によって発生するという使用主義の考え方がとられており，従って，連邦商標法上保護される商標も，使用され，コモン・ロー上の商標権

が発生していることを前提とします。連邦商標法は，このコモン・ロー上認められる商標権の保護を拡大・修正するものです。なお，連邦商標法の改正（1988年）によって，「使用意思に基づく出願」が導入され，使用していない商標であっても，出願が認められることとなりました。

(2)　特　徴

(i)　商標の定義

　商標とは，語，名称，記号若しくは図形又はその結合であり，ある者の商品やサービスを特定し，それを他者のものから識別し，また，その商品やサービスの出所が知られていない場合でも，それを表示するために使用されるもの，と定義されています。

　製品のデザイン等の立体，トレード・ドレス，音や匂い等視覚で認識できないもの，動的なもの，色及び色の組み合わせ等々，現在では，この商標的機能を有するあらゆるものが該当すると考えられています。

- トレード・ドレス：製品の包装，外観，又は，製品や役務が販売されている建物もしくは役務が提供される際の制服，店舗の内外装などの営業上の全体イメージに関するもの

〈登録例〉

Goods and Services　IC 035. US 100 101 102. G & S: Retail store services featuring computers, computer software, computer peripherals, mobile phones, consumer electronics and related accessories, and demonstration of products relating thereto. FIRST USE: 20060900. FIRST USE IN COMMERCE: 20060900

登録番号：4277913号
出願番号：85036986号

(ⅱ)　出　願

以下の4種類の出願形式が認められています。

①　米国での実際の使用に基づく出願

商標を州際取引又は海外取引に使用したという事実を基礎とする出願形式です。

願書に，先使用日（出願商標を世界のいずれかで最初に使用した日）及び州際先使用日（州際取引又は海外取引に最初に使用した日）を記載し，使用等の宣誓及び商標の使用見本とともに出願します。

②　使用意思に基づく出願

出願商標を使用する誠実な意思を有することを宣誓して出願します。審査官の審査を経て，登録許可通知が発せられると，その通知の日から6ヵ月以内に使用陳述書を使用見本とともに提出しなければなりません。なお，この6ヵ月の期間は，6ヵ月ごと5回まで延長することができます。

③　本国登録に基づく出願

パリ条約等の加盟国を本国とする外国出願人は，本国での商標登録を基礎として，出願することができます。この出願において，パリ条約上の優先権を主張することもできます。

本国登録に基づく出願は，出願商標が使用されなくとも商標登録されます。しかし，登録はなされても，米国において使用されていなければ，他人の商標と混同するおそれもあり得ないので，商標権者は，他人による同一又は類似する商標の使用を差し止めることはできません。しかし，使用を開始すれば，その出願日（優先日）が使用日と擬制されて，それ以降使用を開始した他人の事実上の使用を阻止することができます。

④　マドリッドプロトコルを基礎とする出願

マドリッドプロトコル国際出願において，米国を指定することができます。米国において登録されると，原則として，国際登録日が米国における先使用日とみなされます。

本国登録に基づく出願と同様に，使用されていなくとも他の登録要件を満たせば米国において登録が認められます。

なお，国際出願の際に，「誠実な使用意思宣言書」（国際登録のフォーム

MM18）を添付しなければなりません。これは，使用意思に基づく出願における宣誓と実質的に同じ内容です。

(iii) 審 査

絶対的拒絶理由（例えば，商品の一般名称，商品の単なる記述的表示，欺罔的な誤記述的表示，反道徳的，欺罔的，中傷的なもの，機能的なもの）及び相対的拒絶理由（例えば，他人の登録商標や先使用商標との混同のおそれ）について審査されます。

なお，絶対的拒絶理由については，出願商標が，取引上の使用を通じて，出願人の商品や役務に関して識別力を有するに至ったこと（セカンダリ・ミーニングの獲得と呼ばれます）を示すことによって，克服できます。また，相対的拒絶理由については，出願人と先の登録商標権者が，両者の商標に混同が生じるとは信じない理由（例えば，両者の商品の市場や流通経路が異なることなど）及び両商標の誤認を回避するための措置を講じていることなどを説明した同意書を作成・提出できれば，審査官は，通常この拒絶理由を撤回します。

使用意思に基づく出願については，審査，異議申立期間を経過して登録許可通知が発せられると上述のとおり，使用陳述書を提出しなければなりません。

(iv) 異議申立

審査官が審査の結果，登録が認められると判断すると，出願商標は公告されます。利害関係人は，公告後30日以内に異議申立ができます。異議申立期間は，公告日から最長180日延期が可能で，その間，両当事者は，話し合いによって問題の解決を図ることができます。

異議申立の審理は，米国特許商標庁審判部が行い，ディスカバリ（Discovery）やテスティモニー（Testimony）といった連邦民事訴訟手続規則に従った手続がとられます。

(v) 存続期間

商標権の存続期間は，登録日から10年となります。

存続期間は，10年ごとに更新することができます。

(vi)　商標権の放棄

　使用の再開の意図なく，使用を途絶した場合には，商標は放棄されたものと擬制されます。継続して３年間不使用の場合，放棄の一応の証拠となります。

(vii)　登録後の手続

①　８条の宣誓供述書

　商標登録後５年目から６年目までの間に，登録商標が使用されていることを述べる宣誓書を，使用見本と共に提出しなければなりません。提出を怠ると登録は取り消されます。なお，期間経過後６ヵ月間は追加手数料の支払いによって，提出が認められます。

　宣誓書に記載されなかった商品（不使用の商品）は，登録から抹消されます。

　この宣誓書は，全ての登録（使用に基づく出願，使用意思に基づく出願，本国登録に基づく出願，マドプロに基づく出願）に要求されます。すなわち，使用の見本を提出しないで登録が認められた，本国登録又はマドプロに基づく出願による登録も，この段階では，使用していることの立証が要求され，使用していなければ取り消されることになります。

　なお，商標登録の更新出願をするときにも，この８条の宣誓書を提出しなければなりません。

②　15条の宣誓供述書

　８条の宣誓供述書の他に，15条の宣誓供述書を提出することができます。同宣誓供述書では，取消審判請求を受けていない，登録商標が登録後少なくとも５年間に渡り継続的に使用されていることを述べ，かつ，今なお使用されている事実を証明します。この宣誓書の提出によって，登録商標は，不可争性を獲得します。すなわち，以後第三者は，先使用の商標や先登録商標との混同，記述的商標（一般名称は除かれます）であるというような理由によって，この登録を取り消すことはできなくなります。

　登録の不可争性は，登録された商標の有効性，登録名義人の排他的権利の確定的な証拠となり，侵害訴訟における侵害者のいわゆる無効の抗弁にも対抗しうることになります。

③　連邦商標登録（主登録簿）の利点

連邦商標法は，主登録簿と補助登録簿の2つの登録を規定しています。前者は，識別力を含む全ての登録要件を満たす商標を登録する登録簿であり，後者は，単なる記述的商標など，実際に識別性を持っていなくとも，識別性を持ちうる商標，すなわち，識別力の弱い商標を登録する登録簿です。主登録と補助登録では，その法的効果は大きく異なります。以下，主登録の効果・利点について説明します。

(a)　排他的権利であることの推定（7条(b)，33条(a)）

登録は，登録商標が有効であることや商標登録の名義人が登録商標の排他的使用権を有していること等の一応の証拠となります。すなわち，商標登録の名義人は，他者の侵害に対する訴訟において，これらの点について積極的に証明する必要がないことになります。

(b)　出願日から全米において使用していると擬制（7条(c)）

商標登録の名義人が，現実には特定の地域でのみ登録商標を使用している場合であっても，出願日時点から米国全域において，その商標を指定商品及びサービスについて使用していたものと擬制されます（constructive use）。商標登録名義人に，出願日から，他者に対する全国的な優先権を与えるものです。

(c)　商標権者であることの告知の擬制（22条）

商標登録の名義人が，商標権者であることについて米国全域の公衆に通知されたものと擬制されます（constructive notice）。

従って，登録商標と同一又は類似の商標を，後に使用して混同を生じさせた者は，当該商標権の存在を知らずに行ったという善意の抗弁が提出できなくなります。

(d)　商標登録の不可争性の獲得（15条）

登録商標が登録後少なくとも5年間に渡り継続的に使用されている場合，上述の15条の宣誓供述書を提出することによって，商標登録は不可争性を獲得し，それ以後第三者は，先使用商標や先登録商標との混同，記述的商標（一般名称は除かれます）であるというような理由によって，この登録を取り消すことはできなくなります。また，商標権の侵害訴訟においても，当該

登録が不可争性を獲得していることを主張できます。商標登録の不可争性は，登録商標の有効性，登録名義人の排他的権利の確定的な証拠となります。

(e)　商標権侵害品の輸入差止（42条）

商標権者は，登録商標を複製又は模倣した商品の輸入を差し止めるために，税関登録することができます。

(f)　裁判管轄（39条）

連邦商標登録に関する全ての訴訟は，連邦裁判所（合衆国地方裁判所及び合衆国控訴裁判所）が管轄裁判所となり，商標権者らは，当事者の州籍の相違などの連邦管轄権の根拠がなくとも，連邦裁判所を使用できます。

(3)　調査のためのデータベース等の利用

出願及び登録された連邦商標を調査するため，米国特許商標庁の運用するデータベース，Trademark Electronic Search System（TESS）を利用することができます。

また，詳細な商標審査基準である TRADEMARK MANUAL OF EXAMINING PROCEDURE（TMEP）も利用できます（https://www.uspto.gov/trademark）。

3　中国商標登録制度

(1)　中国商標法

中国商標法は，1983年から施行され，1993年第1回改正（役務商標の保護等），2001年第2回改正（著名商標の保護等）を経て，2013年に3回目の改正，2019年に4回目の改正がなされ（以下「改正商標法」と称します），2019年11月1日より施行されています。

中国は中国共産党に統治される社会主義国家であり，その政治体制から，商標制度も独特のものとなっています。

また，中国は一国二制度をとっており，中国商標法は，香港及びマカオには及びません。すなわち，中国商標権の効力は，中国本土にのみ及び，香港やマ

カオには及びません。香港及びマカオはそれぞれ独自の商標法を有しています。

(2)　特　徴

(i)　商標の定義

　他人の商品や役務と区別することができる標章（文字，図形，アルファベット，数字，立体的形状，色彩の組み合わせ及び音声等，並びにこれらの要素の組み合わせを含む）と定義されています。立体商標も登録でき，また，改正商標法は，音声も保護対象に加えました。なお，上記定義からわかるとおり，動的なものや単一色は保護されません。

　また，小売・卸売の役務（第35類）については，薬品及び医療用品等の小売及び卸売の役務についてのみ登録が認められています。

(ii)　出　願

　改正商標法は，一出願多区分制度を導入し，商標登録出願人は，1つの出願において，複数の区分について同一の商標を出願することができます。

(iii)　審　査

　①　審査は商標局で行われます。商標局は出願書類の受領日から9ヵ月以内に審査を完了しなければならないと審査期限が商標法に定められています。

　②　方式審査と絶対的拒絶理由（例えば，識別力を欠く商標，欺瞞性を帯び品質誤認を生じさせる商標，社会主義の道徳，風習を害する商標）だけでなく，先願主義が採用されて，相対的拒絶理由（例えば，他人の登録商標と同一又は類似する商標，同一又は類似の後願商標，馳名商標（日本の著名商標に相当します）の複製等で混同を生じさせる商標）も審査されます。

　③　他人が先に取得した合法的権利（例えば，著作権，自然人の姓名権）と抵触する商標も登録されません。また，他人が先に使用している一定の影響力のある商標の不正登録も異議申立等の理由になります。

　さらに，改正商標法は，使用を目的としない悪意による出願は，拒絶されることを明記しました。また，他人の未登録先使用商標と同一又は類似する商標であり，出願人が，その他人と業務取引関係等があって他人の商標が先に使用

されていることを明らかに知っていた場合には，当該他人の異議申立を条件に
その出願を拒絶することとしました。いわゆる悪意の冒認出願を禁止するもの
です。

　審査中必要な場合，商標局は出願人に説明又は補正を要求することができる
ことが規定されており，審査基準に記載のない新商品等を指定商品として出願
した場合など，このような要求が審査官から出願人になされることになります。

　審査官が出願商標は拒絶理由に該当し登録すべきでないと判断した場合，我
が国とは異なり拒絶理由通知を予め通知することなく拒絶決定を行います。す
なわち，出願人は，審査官に対して反論する機会は与えられていません。出願
人は拒絶決定に対して商標評審委員会に不服申立（審判請求）を行うことがで
きます。

　なお，拒絶決定は，先登録商標の指定商品と抵触しない一部の指定商品につ
いてだけ登録を認める部分的拒絶決定（一部登録決定といってもよい）もあり
ます。

⒤　異議申立

　拒絶理由が発見されない商標については公告され，第三者は，公告後３ヵ月
以内に商標局に異議申立を行うことができます。

　相対的理由については，先行権利者又は利害関係人のみが，絶対的理由につ
いては，何人も異議申立を行うことができます。

⒱　存続期間

　商標権の存続期間は登録日から10年であり，更新手続によって更新できます。

⒵　登録商標の取消請求

　登録商標が普通名称化した場合や正当な理由なく継続して３年間使用されな
かった場合，何人も商標局にその登録商標の取消を請求できます。

⑶　主な商標法の改正点（2019年11月１日施行）

⒤　使用を目的としない悪意のある商標登録出願は，絶対的な拒絶理由と位置

づけられました。今回の改正により，当該規定は異議申立，無効審判に加え
て審査段階においても適用されることになりました。

(ⅱ)　商標代理機構は，委託者が登録を出願しようとする商標が，悪意のある出
　　願に該当することを知っているとき，または，知るべきであるときは，その
　　委託を受けてはならないとされました。

(ⅲ)　登録を受けた商標が悪意のある出願である場合は，商標局は当該登録商標
　　の無効宣告を行うとされました。

(ⅳ)　商標専用権侵害の賠償額，懲罰を強化したこと，登録商標を盗用した偽造
　　商品の製造に使われる材料，工具については，廃棄処分を命じることが明確
　　化されています。

〔資料　マドリッド協定議定書加盟国一覧〕

2021年10月14日現在

	加盟国（国名コード）		効力発生日	個別手数料 *1	18ヵ月宣言 *2	ライセンス未適用 *3
1	英国	United Kingdom （GB）	1995.12.01	○	○	
	マン島	Isle of Man （IM）	2015.09.30	○	○	
	ジブラルタル	Gibraltar （GI）	2021.01.01	○	○	
	ガーンジー*6	Bailiwick of Guernsey （GG）	2021.01.01	○	○	
2	スウェーデン	Sweden （SE）	1995.12.01	○	○	
3	スペイン	Spain （ES）	1995.12.01			
4	中国（香港・マカオ未適用）	China （CN）	1995.12.01	○	○	○
5	キューバ	Cuba （CU）	1995.12.26	○		
6	デンマーク	Denmark （DK）	1996.02.13	○	○	
7	ドイツ	Germany （DE）	1996.03.20			
8	ノルウェー	Norway （NO）	1996.03.29	○	○	
9	フィンランド	Finland （FI）	1996.04.01	○	○	
10	チェコ	Czech Republic （CZ）	1996.09.25			
11	モナコ	Monaco （MC）	1996.09.27			
12	北朝鮮（注）	Democratic People's Republic of Korea （KP）	1996.10.03			
13	ポーランド	Poland （PL）	1997.03.04		○	
14	ポルトガル	Portugal （PT）	1997.03.20			
15	アイスランド	Iceland （IS）	1997.04.15	○	○	
16	スイス	Switzerland （CH）	1997.05.01	○	○	

加盟国（国名コード）			効力発生日	個 別 手数料 *1	18ヵ月 宣言 *2	ライセンス 未適用 *3
17	ロシア	Russian Federation （RU）	1997.06.10			○
18	スロバキア	Slovakia （SK）	1997.09.13		○	
19	ハンガリー	Hungary （HU）	1997.10.03			
20	フランス	France （FR）	1997.11.07			
21	リトアニア	Lithuania （LT）	1997.11.15		○	
22	モルドバ	Republic of Moldova （MD）	1997.12.01	○		○
23	セルビア（セルビア・モンテネグロを継承）	Serbia （RS）	1998.02.17			
24	スロベニア	Slovenia （SI）	1998.03.12			
25	リヒテンシュタイン	Liechtenstein （LI）	1998.03.17			
26	オランダ *4	Netherlands （NL）	1998.04.01	○		
	キュラソー島	Curacao （CW）	2010.10.10	○		
	シント・マールテン島	Sint Maarten （SX）	2010.10.10	○		
	ボネール島，シント・ユースタティウス島，サバ島	Bonaire, Saint Eustatius and Saba （BQ）	2010.10.10	○		
27	ベルギー *4	Belgium （BE）	1998.04.01	○		
28	ルクセンブルク *4	Luxembourg （LU）	1998.04.01	○		
29	ケニア	Kenya （KE）	1998.06.26	○	○	
30	ルーマニア	Romania （RO）	1998.07.28			
31	ジョージア	Georgia （GE）	1998.08.20	○	○	○

	加盟国（国名コード）			効力発生日	個　別 手数料 ＊1	18ヵ月 宣言 ＊2	ライセンス 未適用 ＊3
32	モザンビーク	Mozambique	（MZ）	1998.10.07			
33	エストニア＊5	Estonia	（EE）	1998.11.18	○	○	
34	エスワティニ	Eswatini	（SZ）	1998.12.14			
35	トルコ＊5	Turkey	（TR）	1999.01.01	○	○	
36	レソト	Lesotho	（LS）	1999.02.12			
37	オーストリア	Austria	（AT）	1999.04.13			
38	トルクメニスタン	Turkmenistan	（TM）	1999.09.28	○	○	
39	モロッコ	Morocco	（MA）	1999.10.08	○		
40	シエラレオネ	Sierra Leone	（SL）	1999.12.28			
41	ラトビア	Latvia	（LV）	2000.01.05			
42	日本	Japan	（JP）	2000.03.14	○	○	○
43	アンティグア・バーブーダ	Antigua and Barbuda	（AG）	2000.03.17	○	○	
44	イタリア	Italy	（IT）	2000.04.17	○	○	
45	ブータン	Bhutan	（BT）	2000.08.04			
46	ギリシャ	Greece	（GR）	2000.08.10	○	○	
47	アルメニア	Armenia	（AM）	2000.10.19	○	○	
48	シンガポール	Singapore	（SG）	2000.10.31	○	○	○
49	ウクライナ	Ukraine	（UA）	2000.12.29	○	○	
50	モンゴル	Mongolia	（MN）	2001.06.16			
51	オーストラリア	Australia	（AU）	2001.07.11	○	○	○
52	ブルガリア	Bulgaria	（BG）	2001.10.02	○	○	
53	アイルランド	Ireland	（IE）	2001.10.19	○	○	
54	ザンビア	Zambia	（ZM）	2001.11.15	○		
55	ベラルーシ	Belarus	（BY）	2002.01.18	○	○	

	加盟国（国名コード）			効力発生日	個 別 手数料 *1	18ヵ月 宣言 *2	ライセンス 未適用 *3
56	北マケドニア	North Macedonia	（MK）	2002.08.30			
57	韓国	Republic of Korea	（KR）	2003.04.10	○	○	○
58	アルバニア	Albania	（AL）	2003.07.30			
59	米国	United States of America	（US）	2003.11.02	○	○	
60	キプロス	Cyprus	（CY）	2003.11.04		○	
61	イラン	Islamic Republic of Iran	（IR）	2003.12.25		○	
62	クロアチア	Republic of Croatia	（HR）	2004.01.23			
63	キルギス	Kyrgyzstan	（KG）	2004.06.17	○		○
64	ナミビア*5	Namibia	（NA）	2004.06.30			
65	シリア	Syrian Arab Republic	（SY）	2004.08.05	○	○	
66	欧州連合知的財産庁（EUIPO）	European Union	（EM）	2004.10.01	○	○	
67	バーレーン	Bahrain	（BH）	2005.12.15	○	○	
68	ベトナム	Viet Nam	（VN）	2006.07.11	○		
69	ボツワナ	Botswana	（BW）	2006.12.05			
70	ウズベキスタン	Uzbekistan	（UZ）	2006.12.27	○	○	
71	モンテネグロ	Montenegro	（ME）	2006.06.03			
72	アゼルバイジャン	Azerbaijan	（AZ）	2007.04.15			
73	サンマリノ	San Marino	（SM）	2007.09.12	○	○	
74	オマーン	Oman	（OM）	2007.10.16	○	○	
75	マダガスカル	Madagascar	（MG）	2008.04.28		○	

	加盟国（国名コード）			効力発生日	個別手数料 *1	18ヵ月宣言 *2	ライセンス未適用 *3
76	ガーナ	Ghana	（GH）	2008.09.16	○	○	
77	サントメ・プリンシペ	Sao Tome and Principe	（ST）	2008.12.08			
78	ボスニア・ヘルツェゴビナ	Bosnia and Herzegovina	（BA）	2009.01.27			
79	エジプト	Egypt	（EG）	2009.09.03			
80	リベリア	Liberia	（LR）	2009.12.11			
81	スーダン	Sudan	（SD）	2010.02.16			
82	イスラエル	Israel	（IL）	2010.09.01	○	○	
83	カザフスタン	Kazakhstan	（KZ）	2010.12.08			
84	タジキスタン	Tajikistan	（TJ）	2011.06.30	○	○	
85	フィリピン*5	Philippines	（PH）	2012.07.25	○	○	
86	コロンビア	Colombia	（CO）	2012.08.29	○	○	○
87	ニュージーランド（トケラウ諸島未適用）	New Zealand	（NZ）	2012.12.10	○	○	○
88	メキシコ	Mexico	（MX）	2013.02.19	○	○	○
89	インド*5	India	（IN）	2013.07.08	○	○	
90	ルワンダ	Rwanda	（RW）	2013.08.17			
91	チュニジア	Tunisia	（TN）	2013.10.16	○	○	
92	アフリカ知的所有権機関（OAPI）	African Intellectual Property Organization	（OA）	2015.03.05	○	○	○
93	ジンバブエ	Zimbabwe	（ZW）	2015.03.11	○	○	
94	カンボジア	Cambodia	（KH）	2015.06.05	○	○	○
95	アルジェリア	Algeria	（DZ）	2015.10.31		○	
96	ガンビア	Gambia	（GM）	2015.12.18	○	○	○

加盟国（国名コード）			効力発生日	個　別 手数料 ＊1	18ヵ月 宣言 ＊2	ライセンス 未適用 ＊3
97	ラオス	Lao People's Democratic Republic	（LA）	2016.03.07	○	○	○
98	ブルネイ	Brunei Darussalam	（BN）	2017.01.06	○	○	
99	タイ	Thailand	（TH）	2017.11.07	○	○	○
100	インドネシア	Indonesia	（ID）	2018.01.02	○	○	○
101	アフガニスタン	Islamic Republic of Afghanistan	（AF）	2018.06.26			○
102	マラウイ	Malawi	（MW）	2018.12.25		○	○
103	サモア	Samoa	（WS）	2019.03.04	○	○	○
104	カナダ	Canada	（CA）	2019.06.17	○	○	○
105	ブラジル＊5	Brazil	（BR）	2019.10.02	○	○	○
106	マレーシア	Malaysia	（MY）	2019.12.27	○	○	○
107	トリニダード・ トバゴ	Republic of Trinidad and Tobago	（TT）	2021.01.12	○	○	
108	パキスタン	Islamic Republic of Pakistan	（PK）	2021.05.24	○	○	○
109	アラブ首長国 連邦	United Arab Emirates	（AE）	2021.12.28	○	○	

出典元：WIPO ホームページ http://www.wipo.int/madrid/en/members/
注：日本は北朝鮮を国として認めていない。
＊1　個別手数料を受領する旨を宣言した加盟国
＊2　拒絶通報を18ヵ月以内に WIPO へ通報する旨を宣言した加盟国
＊3　ライセンスの規定（共通規則第20規則の2）を適用しない旨を宣言した加盟国
＊4　オランダ，ベルギー，ルクセンブルクへの出願はベネルクス（BX）の指定となります。
＊5　議定書第14条⑸の宣言をした加盟国。当該国において議定書の効力が発生する日前の
　　　国際登録をもとに事後指定をすることはできません。
＊6　英国指定では適用されないため別途指定が必要（出願資格：ガーンジーに住所，営業
　　　所を有すること又は英国国籍）
※特許庁ＨＰより　マドリッドプロトコル加盟国一覧

索　引

〔執筆者紹介〕

正林　真之（しょうばやし　まさゆき）
（監修／第1章コラム【ネーミング】／第4章コラム【価値評価】／第5章コラム
【商標の専門家】）
巻末　監修者紹介参照

小野寺　隆（おのでら　たかし）　弁理士
（序章／第1章）
2000年　弁理士登録

篠田　貴子（しのだ　たかこ）　弁理士
（第2章）
2013年　弁理士登録

林　栄二（はやし　えいじ）　弁理士
（第3章）
2016年　弁理士登録

鶴本　祥文（つるもと　よしふみ）　弁理士
（第4章／第4章コラム【商標権の棚卸し】）
2001年　弁理士登録

木村　一弘（きむら　かずひろ）　弁理士
（第4章／第6章）
2021年　弁理士登録

藤田　和子（ふじた　かずこ）　弁理士
（第5章）
2000年　弁理士登録

〔監修者紹介〕

正林　真之（しょうばやし　まさゆき）弁理士

正林国際特許商標事務所　所長・弁理士。

1989年東京理科大学理学部応用化学科卒業。1994年弁理士登録。1998年正林国際特許事務所（現・正林国際特許商標事務所）設立。

2007年〜2011年度及び2018年〜2020年度日本弁理士会副会長。東京大学先端科学技術研究センター　知的財産法分野　客員研究員等を務める。

現在注力している業務は，知的資産経営・知財価値評価，知財マネジメント，知財コンサルティング。事業モデルや収益性をベースにした知的財産権構築を提案し，国内外を問わず迅速・的確に対応できる最高水準の仕事に取り組んでいる。発明者とのコミュニケーション，法律・技術や豊富な具体例を含めた難解なマターについてのわかりやすい説明には定評がある。

会社の商標実務入門（第3版）

2014年10月25日	第1版第1刷発行
2016年7月20日	第1版第2刷発行
2017年12月30日	第2版第1刷発行
2022年4月10日	第3版第1刷発行

監　修　正　林　真　之
発行者　山　本　　　継
発行所　㈱中央経済社
発売元　㈱中央経済グループ
　　　　パブリッシング

〒101-0051　東京都千代田区神田神保町1-31-2
電話03　(3293)　3371　(編集代表)
　　03　(3293)　3381　(営業代表)
https://www.chuokeizai.co.jp
印刷／文唱堂印刷㈱
製本／誠　製　本㈱

©2022
Printed in Japan

※頁の「欠落」や「順序違い」などがありましたらお取り替えいたしますので発売元までご送付ください。(送料小社負担)
ISBN978-4-502-42071-9　C3032

巻末付録　商標と色彩

〔第1章〕

53頁　図1-11　原則として，類似しない場合の例

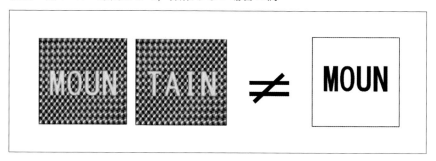

53頁　図1-12　原則として，類似しない場合の例

54頁　図1-13　原則として，類似しない場合の例

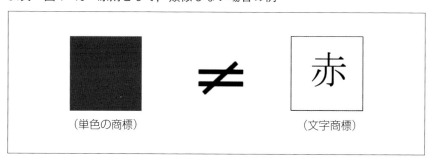

2

54頁　図1-14　原則として，類似する場合の例

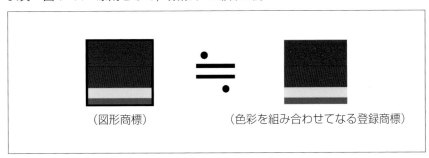

（図形商標）　　　　　　（色彩を組み合わせてなる登録商標）

78頁　図1-31　認められる例

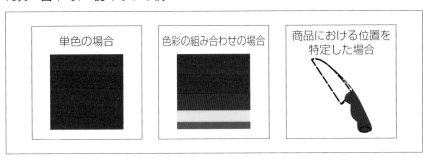

単色の場合　　色彩の組み合わせの場合　　商品における位置を特定した場合

78頁　図1-32　認められない例

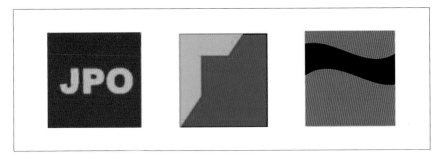

〔第2章〕

118頁　商標登録を受けようとする商標（動き商標について）

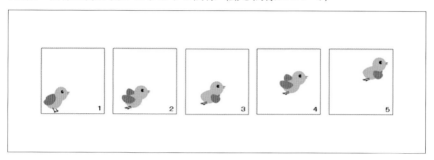

119頁　商標登録を受けようとする商標（ホログラム商標について）

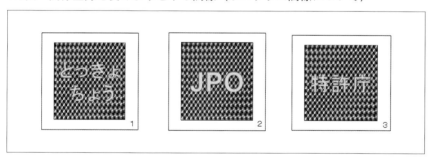

120頁　商標登録を受けようとする商標

（色彩のみからなる商標〔単色〕）

4

120頁・164頁　商標登録を受けようとする商標

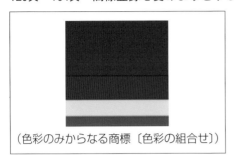

（色彩のみからなる商標〔色彩の組合せ〕）

157頁・158頁　拒絶理由の内容（例１・例２）